新版 絶対スキルアップする公務員の勉強法

日本ペンクラブ（国際ペン）正会員
日本文藝家協会正会員
林　雄介　著

ぎょうせい

はじめに

感謝。ただただ、感謝です。前著『絶対わかる法令・条例実務入門』に引き続き、「ぎょうせい」から二作目を上梓できるのは、こうして本を活用してくださる皆様方のおかげ以外なにものでもありません。心から感謝いたします。「日々是感謝」です。ありがとうございます。

前著は、中央省庁で法令業務に従事していたときに、公務員の友人に「法律」とは何かということを聞かれ、逐一、説明したメールを基に本にしたものです。「なるべく簡単に、公務員が最低限度、知っておいたほうがいい事項をまとめたマニュアル冊子」を作ろう。そういう趣旨で「法律、国会答弁、内閣法制局への対応等」を自分自身の体験をもとにマニュアル化したものでした。

今回の本は、地方分権化のもとに公務員のあり方が大きく変わっていく中で、何をどう習得したらいいかといったテーマで執筆して欲しいと「ぎょうせい」の編集者からお話がありました。この本も、友人などに対する様々な相談の回答メールが基になっています。

私の体験をもとに、公務員の勉強の仕方、人間関係の構築法、ＯＪＴ（外部研修）や資格習得、昇進対策、そしてメンタル・ケア、セルフ・ケアと健康管理を中心にまとめました。前著と重なる部分は、前著をお読みください。前著が、法律の作り方のマニュアルなら、今回は公務員の「生き方、良好な対人関係の構築法（コミュニケーション力）、担当セクションの勉強の仕方、昇進試験＆資格試験対策、ストレス管理と健康管理、情報整理と経済学、政策立案」等のマニュアルと位置づけられます。

さて、私は「身の丈」で生き、書くことを信条にしています。ですから、この本も難しいことは書かず、自分ができていることだけをなるべくわかりやすく書きたいと思います。

たとえば、危機管理についての第一人者である初代内閣安全保障室長の佐々淳行先生のような本を書けるはずもありません。同じように立法学の第一人者、元参議院法制局長の田島信威先生のような本を書こうと思うこと自体が非常識なことです。

この本は、私が国家公務員として、また地方自治体の政策立案等のプロセスの中で実学として学んだことをお伝えさせていただく本です。

この本の特徴は、「薄く」「わかりやすく」「具体的に」読みながら実践できる本です。

一時間前後で読める分量を目指しました。なぜなら、皆さんは忙しいからです。自分が読者なら分厚い本は読みたくないからです。そして、具体策のみをあげています。理念が立派でも実践できない本は書きたくありません。

また、この本の最大の特徴は「ヒント集」に徹したことです。一番のスキルアップは自分で予算書を読み、法令を調べ、判例に赤鉛筆で線を引き、専門書を読むことです。ですから、そのヒント集に徹しました。実はこのアイディアは「ヒントにとどめることができたら、あなたもプロの上司」という一文を読み生まれました（佐藤英郎著『職場のコーチング術』アーク出版）。同書には「自分が仕事ができると思っている上司ほど、部下を育てることが下手である」「人を育てるのに近道はない」といったことが書かれています。つまり、人を育てる最良の方法は、部下を信じ、部下が自らが行動を起こすことを待つことなのです。

項羽と劉邦の話があります。項羽はものすごく強い武将で無敵でした。けれども、無敵ゆえに「部下が自分より優れた働きをすると信じられなかった」のです。逆に劉邦は無能でした。ですから、「人を信頼」したので、優秀な人材が集まってきました。「将の将」といわれるゆえんです（歴史は大事です！）。

私自身は、何でも自分で片づけてしまいますので、人を育てられなかったという経験がありま す。ですから、手取り足取りではなく、読者の皆さんが本を活用しながら、実際にスキルアップしていただける本、そういう本を目指しました。

また、「薄く」ということにこだわったのは、「持ち歩いていただけるように」との願いからです。これは、前著も同じです。どうか、本書を、カバンに入れ、デスクにおいて、必要なときに開き、書き込み、また自分用にアレンジしてください。
最後に、明るく、楽しく、前向きに、「自然体」で、自由に、知的に、公務員生活を行っていただけることを願ってやみません。
こうして、著作で皆さんに再会できたこと心から感謝します。

二〇〇六年七月

林　雄介

この本を10倍活用する秘訣

色つきボールペンで本を読んで思いついたこと（ヒラメキ）を、直接、本にどんどん書き込んで、あなただけのスキルアップ必勝本にパワーアップさせてください。最強のアイデア帳の誕生です。

あなた自身の書き込みが増えるほど、スキルアップします。そう、本は書き込むほど、本も成長するのです。

第2章 健康管理とコミュニケーション力！

第3章　総合力を身につける勉強法

第4章　絶対うかる昇進&資格試験対策と英語の勉強

第5章　コミュニケーション・スキルの鍛え方

第6章　公務員の必読書

第8章　パワーアップ！　ストレス・ケア

ギュッとしぼった本書のエッセンス

○なぜ、勉強するのか、スキルアップするのか?、自分の目的・目標意識を明確にして勉強します。それが、効率的な勉強法の究極のエッセンスです!

○好きな本ほど、読書量が増えます。ですから、好きな本を増やす努力、好きな分野を楽しんで増やすようにします。

○通勤時間や空き時間は常に勉強できるように、最低一冊本を持ち歩く癖をつけます。英単語や本を読む時間にして、生活の中でロス・タイムを作らないようにします。

○まず、この本の読者であるあなたが「幸せ」になって下さい。それから、家族、次に「仕事」で国民の役に立って下さい。個人として幸せになれない人が、国民を幸せにできるはずがありません。また、個人の犠牲の上に国民の「幸せ」を成り立たせることは間違っています。公務員も国民の一人です。「みんな幸せ」にならなければいけないと思っています。

○「法律（条例や行政のルール）を作る人間が、法律を守らなくなったら誰も守らなくなる」

○健康と病気の基礎知識『家庭の医学』（保健同人社）（＊1）は、一冊常備したほうがいい本です。

○悪口、陰口は必ず相手に伝わります。一歩進めて、相手の素晴らしいところを陰で褒《ほ》め称《たた》えたらこれも相手に伝わります。常に、人を褒める癖をつけましょう。褒めることのプロを目指しましょう。長所が見つかりにくい人をいかに褒めるかが鍵です。褒めたい上司、部下、同僚、家族の欠点を箇条書きにして「よいほうにとらえるトレーニング」をしましょう。「いい加減→寛大」「ケチ→金銭感覚が発達している」……………。

○人の悪口を言う人は、丁寧に遠ざけます。「敬して遠ざける」仲間に巻き込まれないようにしましょう。発展的な批評と、悪口は違います。改善策を提言しているのか、たんなる悪口なのか。前向きで発展的なものは改善策の提言。後ろ向きで、具体策がないものは愚痴です。

○病気になる前に、いい医者を確保しておきます。悩む前に、いい心療内科（カウンセラー）を確保することです。

○体調管理は、「内科」「整形外科」「接骨院」の3本柱が大事です。首のコリや腰痛が自律神経失調症の原因となり、体調不良の原因になることも多いのです。

○『現代用語の基礎知識』（自由国民社）や『判例六法』（三省堂）

等を買って、法律やわからないことを自分で調べることを習慣化しましょう（類似本でもかまいません）。
○よく寝たほうがよいでしょう。睡眠時間を七、八時間確保した上で、残りの時間を仕事やプライベートにあてるようにします。
○放送大学の教科書が、あらゆる分野の最良の独学の参考書になります。
○憎まれっ子はストレスがないので、長生きします。ゆえに、「ストレス」をためるお人好しな善人にならないようにしましょう。
○仕事も交友関係も「明確な優先順位」をつけましょう。「優先順位」が低い仕事やお付き合いは、カットしていきます。八方美人にならないようにします。
○法律、予算が大事ですが、自分の担当部署の政策に精通して下さい。それが第一です。

『受験ジャーナル・直前対策ブック』（実務教育出版）で、白書や専門知識、時事問題の見直しをします。次に『白書のあらまし』（＊2）で、自分の担当部門の政策に精通します。
○苦手分野の勉強は、漫画から入ります。漫画でわかる刑法、漫画でわかる会計、漫画版『環境白書』等々。まず、専門外のことは漫画から入りましょう。漫画に抵抗がある方は、その分野の最も薄い本を読みます。
○ストレスをためないことです。「適当主義」で自分を追い詰めずに、「ストレス・レス」を実践します。ストレス・ケアにはTFT（思考場療法）がお奨めです。
○対人関係は、七つの致命的習慣を捨て、好ましい七つの習慣で対応します（選択理論心理学）。人間関係崩壊の七原則（七つの致命的な習慣）「批判する、責める、文句を言う、不平を言う、脅す、罰する、自分の思い通りにしようとして褒美で釣る」から、人間関係を良くする七原則（身につけたい習慣）を実践します。

①支援する
②励ます
③傾聴する（よく話を聞く）
④受容する（受け入れる）
⑤信頼する
⑥尊敬する
⑦意見の違いについて常に交渉する

○人生、成功するには、国語力が大事です。国語力は、「薄い良書」をたくさん読むことです。私がお奨めする方法は、「岩波ブックレットや岩波ジュニア新書等の文字が大きくて薄い本」を読みこなすことです。一日一冊岩波ブックレットを一年間読んだら三百六十五冊、国語力が飛躍的に向上します。
○究極のスキルアップは、目上でも目下でも頭を下げて素直に聞くことです。できる人は教えてくれます。できない人ほど、もったいぶるものです。できる人は、「礼儀正しく聞けば、ノウハウを教えてくれます」。
○見栄をはらず、自然体で「等身大」で「身の丈」で、自由に気楽に生きていきましょう。そのほうが人生、楽に生きていけます。
○議論で言い負かさないようにしましょう。ディベートで勝っても相手は納得しません。大事なことは、「言い負かす」ことではなく、相手が喜んであなたに協力してくれるように善意で誘導することです。
○慶應義塾大学通信教育課程や放送大学大学院等を利用して、働きながら、リーズナブルに学歴の向上、更新をします。

○友人をみれば、知的レベルがわかります。ですから、いい友人を増やして下さい。
○掃除、整理整頓を習慣化することで仕事の能率を向上させます。
○メールやグリーティング・カード、コミュニケーションツールを活用し、マメに手紙を出し人と仲良くなります。
○嫌いな人は、「敬して遠ざけます」。どうしても仲良くなれない人は丁重に敬って無視します。
○『判例六法』（三省堂等）をデスクに常備して、法令と友達になります。
○過去は戻ってきません。人生において、もっとも大切なものは平凡な日常の中にあります。
○漫画や映画、趣味、人生は好きなこと探し、楽しいこと探しです。楽しく長期的視点に立って生きましょう。

○幸せは、何気ない平凡な日常にあります。自分と家族を大事にしましょう。

○参考書は少ないほうがいいです。何冊もやるより七〇％完成度の参考書を徹底的に覚えて下さい。試験は必要以上に参考書を増やしたら落ちます。過去問題集も一冊、多くて一科目三冊までです。参考書は、「最初に読む薄い本」「辞書代わりに使う一冊」の二冊です。

○自分の力と組織の力を錯覚しないように気をつけて下さい。お金（予算）と地位と肩書きのあるところに、人は集まってきます。私は経験で知っています。あなたが好きなのか、「肩書き」が好きなのかよく見極めて下さい。「肩書き」が好きな人は、「肩書き」がなくなったら態度を百八十度変えます。「肩書き」がなくなっても態度を変えない人を一番大切にして下さい。

○先生（師）への感謝、教えていただいたことの感謝を忘れないで下さい。師への恩を忘れない限り尊大になりません。私は、自立している赤ちゃんを見たことがありません。どんなに優秀な人でも、育てていただいた恩、教えていただいた恩を忘れないで下さい（このエッセンスも天から降ってきたものではありません。経験や読書や先生や上司や同僚や同級生や先輩や後輩から教えていただいたことを私なりにまとめたものです）。

○恩を大事にして下さい。人に感謝できなくなったときにお山の大将になって、成長が止まります。自信は大事ですが、謙虚さも同時に大事です。

○「ありがとうございます」のお礼、「ごめんなさい」の謝罪。この二つの言葉が出てこなくなったとき、人生はｕｎｈａｐｐｙになります。「ありがとうございます」と「ごめんなさい」は、

「幸せ」のもっとも基本的で重要なキーワードです。

○「笑顔」と「明るい挨拶」を大事にして下さい。ケラケラ、笑っているだけで運が開けるというか、幸せになり、人生の大きな道が切り拓けます。

○人間は、未熟で不完全です。完璧な人間はいません。人間には自分も上司も部下も家族もすべて欠点があることを認めて下さい。長所を見ていたら欠点が見えなくなります。欠点を探し始めたら、欠点しか見えなくなります。短所を見ずに（私もたくさんあります）、長所を見つける意識的な努力をして下さい。

○完璧主義をやめて「気楽」に生きましょう。人間、長所も短所も併せ持っています。

○無理をしすぎないこと、自分を追い詰めないことを常に意識して下さい。あなたは、かけがえのない存在です。組織や仕事の犠牲にならないで下さい。
○自信に根拠は要りません。自分に無条件の自信を持って下さい。
○思いつきでものを言う上司のパターンを把握して、何を言われてもいいように適度に気をつかいますが、大変であれば、正直に「大変です」と上司に言いましょう。
○女性は、自分が世界で一番美しいと確信して下さい（ただし、周りに強制しないでください。軋轢《あつれき》を生みます）。
○地方公務員は『自治六法』と『地方自治関係実例判例集』を買って、調べながら仕事をすれば大丈夫です。困ったら『要説地方自治法』（松本英昭）を辞書代わりに使います（三冊とも「ぎょうせい」等から刊行されている。）。
○危機管理は、警察官僚であり危機管理のエキスパートである佐々淳行先生の『定本　危機管理』（ぎょうせい）等の本を読めば、大丈夫。

＊１　「家庭の医学」等は電子書籍版もあり、ネット等の情報を利用して健康管理することも重要です。

＊２　政府の情報は、「電子政府」から白書、審議会、法令等を検索することができます。ネットでの正確な情報収集が重要です。（ネットは便利な反面、デマが多いため、情報に責任を持てないものは利用しないことが重要です。ＳＮＳやブログ等の引用は避け、官公庁等の公的機関の情報を中心に利用してください。）

第1章 なぜ、スキルアップが必要なのか

いま、なぜスキルアップなのか？

なぜスキルアップするのか。それは自分自身の「幸せ」のためではないでしょうか？　私は、自分と家族と職場と利用者（国民）の「幸せ」のためにスキルアップするのだと思っています。

「知行合一」というのは陽明学の言葉ですが、私の人生は『**知的生活の方法**』（渡部昇一　講談社現代新書）との出会いで方向性が決まったように思います。この本は一九七六年に出版された本ですが、普遍性もありますし、私はいまでも読み返しています。この本を知り、私は渡部昇一先生（上智大学名誉教授）のすべての本を本屋で探し読破しました。その中には『**ドイツ留学の体験記**』もありました。

私の読書法は、好きになった学者の本を徹底的に読みこなすというものでした。高校時代、ユング心理学者になりたかった私は、受験勉強の合間に河合隼雄京都大学名誉教授の本を数十冊読みこなしていました。

どのような著者でも、重要なことは繰り返し著作に書きますから、同じ著者の本を数十冊読む

ことで、自然に「重要なポイント」を覚えることができます。これが、同じ著者の本を大量に読む効能です。

好きな学者の本を全部読む。これが知的生活の原点です。

スキルアップのキーワードは「自分の好きな学問・専門分野探し」です。これで、この本は読み終わってもいいくらいです。結論ですから。

好きなことはいくらでも勉強できる。逆に好きではない専門分野を勉強するときは「いかにその専門分野を好きになるか」というのが成功の鍵です。

漫画や関連小説、映画、テレビ、実際に畜産であれば「馬や牛」と遊びに行く。環境であれば、山に遊びに行きます。たとえば、消防であれば**『マンガ・新くらしの地震対策』**（消防庁震災指導室）**『私たちの町を守る消防団』**（消防庁消防課監修、高橋玲子作画）等の漫画が出ていますから、そういうところから専門分野に対する知的好奇心を生み出します。

遊びによって必要な専門分野の知的好奇心を育てることで、その専門分野を好きになることです。もう一つは、**内面的な動機づけ**です。ストレートな本音の話です。「昇進、昇給、優雅な暮らし、自慢できる優越感」というのは、いい意味での願望の活用です。

そして、数値化できる目標設定として、専門分野の関連資格の習得も効果的だと思っています。市長秘書室に行ったら、**ビジネスマナー検定**や**秘書検定**を、年金分野に行ったら**ＦＰ技能検**

定を、技術分野から法案作成分野に移動したら**行政書士**を、そういう資格を取ることは目標になります。そして、**ストレートに願望に働きかけて**ください。「昇進に有利、老後の生活保障、転職に有利」だと。

私は、公務員という仕事に高いロイヤルティも必要だと思っています。けれども、個人のモチベーションアップは「個人的な幸せにストレートに結びつく願望」のほうが勉強の効率が上がります。ですから、きれいごとではなく**自分中心の勉強動機が必ず必要**です。それに、結果としてあなたのスキルアップが市民や国民のサービスの質の向上につながりますから一石二鳥です。

さて、『知的生活の方法』では、著者の学生時代は終戦末期で陸軍士官学校にいくためにガリ勉をしていた生徒が、戦争が終わったら勉強しなくなったと書かれていました。これは、東京大学に入った学生が「五月祭」の頃には、人生の目的が見えなくなることから「五月病」と呼ばれるようになったことに似ているでしょう。私は、作家でも、井上靖先生の全集、山崎豊子先生の全集というふうに、同じ作家の本ばかり読んできました。大学時代は、伊東光晴先生（京都大学名誉教授）の著作を読み漁っていました。

ただ、受験指導や就職指導で「入口」に入れることはできても、そのあとの人生プランがわからない。私の生き方そのものでもありました。

私自身が、退官後に知事や市長等の補佐役として自治体行政に関わる中で、読者の方々ともさまざまな出会いもあり、実務と勉強のバランスが取れた生き方ができるようになりました。そして改めて、「知識」は経験がないと使いこなせないことがわかりました。

また、ストレス・ケアに関しては、日本ＴＦＴ協会の森川綾女理事長（心理学者）等との出会いがあり、ストレス・ケアの技法について多くを学ぶことができました。

さて、王陽明は、文官でしたが、戦争の指揮もしています。実務と知的生活の融合、それを「知行合一」として、行えたらと思うのです（辞書的な「知行合一」の意味と異なりますのでご注意ください）。

あの人の話なら聞いてもいいという人になれ！

最初に、結論を書きます。学問も情報収集も大事ですが、最終的には**人間性がすべて**です。私は、大学一年の時のある教授の言葉を忘れません。

「学者の話はわからない。わからないから、**あの人の話なら聞いてもいいと思われる人になれ**」

鼻持ちならない秘書。鼻持ちならない政治家。鼻持ちならない公務員。鼻持ちならない医者。鼻持ちならない弁護士。鼻持ちならない教師。鼻持ちならない国民。そういうことにならないように、**人間性を高めていく**、そのプロセスの一貫に勉強法のノウハウもあると思うのです。

日本の茶道は南宗の生活禅に由来します。これは、仏教がインドから中国に伝来し、その中で達磨大師が禅を伝えました。それから、法灯は六代目の六祖慧能禅師に引き継がれます、慧能禅師は寺の雑用係から、その悟りの深さによって禅祖となります。ですから、慧能禅師以降の禅は、生活の中で悟りを得る生活修業の色合いが強くなりました。日本には栄西が茶を持ち込み、とんち小僧の一休宗純の弟子から村田珠光、武野紹鷗を経て千利休で茶道は完成します。

私は以前、ホテルで人間性を疑うお茶の先生を見かけました。お茶などお湯とお茶の粉があれば自動で作れます。お茶を通して、どういう人間性、内面性を磨き追求したのか、当時大学生でしたが、非常に疑問を感じました。

つまり**人間性を高めることが、人間にとって、すべての基本**なのです。生活禅では、掃除も生活修行として大切にしています。ですから、掃除を趣味にするのです。職場も、自宅も掃除し続けます。**整理整頓は効率化の基本**です。だから、掃除や整理整頓を実践してください。

日本の禅は生活禅ですから、「掃除の道」を究めたら、別にお寺に行く必要はありません。生活そのものが変わらなかったら、精神修養になりません。**小手先のテクニックで、人は動きません。**小手先のテクニックで人を動かそうとする行動自体が間違っています。

私は、聖人君子ではないし、人並みに欲もあります。「クリーン＝聖人君子」のイメージを強調するのは好きではありません。仙人ではありませんから、霞を食べて生きていくことはできません。ですから、**いい意味の欲（願望）の方向性を持たせることは大事**です。いい方向にいけば、リーダー・シップで頼りがいがある人、行き過ぎると独裁者となります。私は、**バランスを持った人間としての成長**が、スキルアップであり、幸福につながると信じています。血も涙もない公務員は怖いと思います。どうか、血も涙もある公務員であって欲しいのです。

1　スキルアップのための最大の秘訣

人は何によって動かされるのか

スキルアップに不可欠なこと。それは自分自身のモチベーションをあげることです。モチベーションというのは、内面からの動機づけです。人間は、外からの動機づけでは行動しません。正確には、ノルマや上司の命令で人は動きますが、生産性は相当低いのです。

考えてみてください、皆さんだって嫌なことはやりたくないでしょう？　勉強もスキルアップも明確な目的意識がなければできないのです。正確には、効率の悪い勉強法、業務になるのです。では、どうしたら効率的に仕事や勉強ができるのでしょうか。

スキルアップ、技能習得度を向上させる秘訣。その方法は、**スキルアップの明確な目標・目的を明らかにする**ということです。「この世の中に目的のない行動ほど、苦痛なことはない」と言います。

帝政ロシア時代にシベリアは流刑の地でした。当然、政治犯も送られてきます。政治犯に何をさせたか。地面に大きな穴を掘らせます。横には当然、大きな土の山ができます。では、翌日何をさせるのか、土の山を崩して穴を埋めさせるのです。そして、次の日は穴を掘らせる。もうおわかりですね。究極の拷問は、無意味な活動を永遠に続けさせることです。

これは、佐藤英郎氏（人材トレーナー）から聞いた話です。砂漠の旅人の話です。

旅人は、三人の大工に出会います。大工は、レンガを積んで家を作っています。旅人は「あなたは、何をしているのですか？」と聞きます。そうすると「暑い中、レンガを積んでいるんだ」と怒鳴られます。旅人が、もう少し行くと別の大工に出会います。

「あなたは、何をしているのですか？」と聞きます。そうすると大工は「皆が快適に暮らせる家を作っています」と答えます。最後に、旅人は三人目の大工に出会います。大工は同じようにレンガを積んでいます。

「あなたは何をしているのですか？」と旅人は尋ねました。誇らしげに大工は答えました。

「文化を創っています」と。

貧ニ耐エ繁ニ耐エテ

危機管理の権威、佐々淳行先生は、著書『**定本　危機管理**』（ぎょうせい）の中で「誇り高い日本の官僚たちは、日本を支えるのは我々であるという使命感に燃えて、『貧ニ耐エ繁ニ耐エテ』国民の期待に応えてその任務を果たしてきた」と熱く語っています。公務員研修で先生の謦咳《けいがい》にもふれました。

私がここで何を言いたいかというと**「目的・目標のない行動は拷問である」**ということです。

砂漠の灼熱の太陽の中、レンガで家を造るのは苦痛でしょう。けれども「後世に残る文化を創造している」と答えた大工はＨａｐｐｙなはずです。仕事にも誇りが必要です。明確な目標・目的があれば効率も上がり、ひいては昇進や自己実現につながります。

私は以前『この通りにすれば受験にうかる！』（たちばな出版）という本を書きました。この中で私は、三分の一以上の紙を費やして、目的意識を明確にするために「なぜ受験に合格する必要があるのか」ということを徹底的に書きました。勉強のノウハウに進む前に「なぜ、勉強をしなければいけないのか」ということを延々と書きました。受験生自身が自分に問いかけることができるようにしたのです。

○あなたはなぜ、スキルアップする必要があるのでしょうか？

最低五つあげてください。

昇進することが自己実現かもしれません。大きな技術を身につけることで多くの国民の幸せに役立てるかもしれません。もっと、現実的なことでかまいません。本音で自分と向きあってください。

なぜ、スキルアップする必要があるのでしょうか？　昇進して子供の教育費を支払うため、子供をよりよい学校に行かせるため、あるいはまた、自分自身の結婚資金かもしれません。もしくは、公務員を辞めた後の老後の備えかもしれません。税理士等の資格試験をとって、老後に備えるためかもしれません。

この本は、あなた以外見ませんから思いつくままに本に書き込んでください。

1

2

3

4

5

あなたは、ご自身がスキルアップする理由が見つかりましたか？　私は、公務員は使命だけのために働く必要はないと思っています。さまざまな説があるでしょうが、税金は行政に対するサービス料の対価だとすれば（異説があります）、公務員自体もサービス業でしょう。公務員が家族や自分を犠牲にしていい国や政策が作れません。逆の立場だったらわかると思うのです。「政治家や公務員が犠牲になってまで、いい国に住みたい」と考える人は、エゴイストです。自分勝手な人です。公務員も市民も幸せが正解だと私は思っています。

「みんな幸せ」というのが、私の大きなミッション、伝道すべきことだと思っています。重要なことなのでもう一度書きます。

「組織（行政）も個人（あなた）も幸せ、お客様（国民）も幸せ！」

これが、よい組織の定義です。「みんな幸せ」にならなければ、Ｈａｐｐｙな社会は作れません。私は、「みんな幸せ」に命をかけています。この本を読んでくださったすべての方が幸せであることを心から願うのです。

「寛容と忍耐」とは、どこぞの内閣（池田勇人内閣）のキャッチフレーズもありますが、大事な言葉です。人間は、生きていて腹が立つことのほうが多いかもしれません。人間は完璧ではありません。人間は、不完全であることを理解して、人間の「ドロドロ」した欲望も含めて寛容を持って受容できることが大事です。相当、大きな「器」だと思いますが、人間の不完全性を理解して受け入れる忍耐力が最終的な成長の「鍵」になると思います。

2 国語力（読解力・文章力）を磨く

「国語」の時代

国語力（読解力と文章力）は**すべての能力の源**です。頭のいい人は国語力があります。国語力がない人は、どんなに専門分野で優れていても成功しません。本当にできる人は国語力のある人なのです。理由は簡単です。**国語力は表現力**だからです。人に自分の考えを伝える力が「国語力」です。

「人はパンのみにて生くるにあらず」

聖書の言葉です。言葉で人は生き、言葉で人は死ぬ。極言したらそうなります。ネガティブな言葉は、脳にインプットされやすい傾向にあります。だから、この本では絶対にマイナス的な意味合いの言葉は書きません。口論で人を殺してしまう人がいます。逆に、聖書や経典、素晴らしい本との出会いで人生が変わる人がいます。

一冊の本が人生を変えることがあるのです。私自身、「生きるための言葉」というのをたくさんストックしています。辛いときに励ましてくれた一言、一言を覚えています。特にいただいた手紙はすべて大切に保管しています。たとえば、個々に、私の最初の上司（沖課長）からいただいた年賀状があります。ここには「何事も前向きにとらえて生きていってください」という言葉が書かれています。皆さんも経験がありませんか？　先輩や上司や家族や同僚の一言でどれだけ救われたか。逆に、ひどいことを人に言って傷つけたことはありませんか？　過去は返りません。返りませんから、現在を精一杯生きるしかない。そして、償えることは償う。それ以上は無理です。過去は完了しているのですから。

読むと自殺したくなる名著が『人間失格』（太宰治）。他にもありますが、作品としては素晴らしいですが、落ち込んでいるときには読まないほうがいいと思います。私は『蟹工船』や『太陽のない街』等も大好きですが、プロレタリア文学ですから読み終わったあと、ちょっと落ち込みます。また、私の専門分野の一つですが、「生活保護」関係のドキュメンタリーを読むと、暗い気持ちになります。消費者保護のために、悪徳商法の研究もしていますが、詐欺の研究をすると、ものすごく不愉快な気分になります。映画も、個人の自由ですから何を見てもかまいませんが、残虐な「13日の金曜日」等を見て、「幸福感に包まれる」ことはまずありません。

元気になる本を読もう！

人は幸せになるために生まれてきたと思います。**『にんげんだもの』**（相田みつを　角川文庫）、を読むと、生きる力がみなぎってきます。川原泉さんという漫画家の人間味溢れる言葉（『**笑う大天使**』（白泉社）、『**美貌の果実**』（白泉社）、『**ブレーメンⅡ**』（白泉社）等も「人間はおろかでちっぽけな存在かも知れないけれど、それでも生きるって素晴らしい」という勇気がわいてきます。『**幸せを育む素敵な人間関係**』（柿谷寿美江　日本リアリティーセラピー協会）、『**論語**』（岩波文庫）や『**道は開ける**』（D・カーネギー　創元社）も勇気がわく本です。

元気になる漫画は『**ブッダ**』（手塚治虫　潮出版）、『**大長編ドラえもん（映画版）**』（藤子・不二雄　小学館）などたくさん明るい本（漫画）があります。『**火の鳥**』（手塚治虫）や『**銀河鉄道999**』（松本零士　小学館）のように人間とは何かを考えさせられる作品もあります。

時には『**シートン動物記**』や『**ハリー・ポッター**』『**トム・ソーヤーの冒険**』『**飛ぶ教室**』等の児童文学、歴史小説、偉人伝も大きな勇気を与えてくれるでしょう。児童文学は、良質な作品がたくさんあります。子供を対象にしていますから、明るく幸せな読後感があるはずです。

また、偉人伝や歴史は「漫画」で読めばいいのです。『**世界の歴史**』（手塚治虫監修　中公コミックス）のように内容もストーリーも楽しめるものがあり、教養もつき一石二鳥です。

自信に根拠は不要

さて、人間社会は言葉で成り立っています。後述する「選択理論心理学」もそうですが、**言葉**

で人を傷つけない努力、訓練、トレーニングが本当に大事です。そして、**自分自身の言葉で自分自身を傷つけない、努力、訓練、トレーニングが本当に大事**です。余談ですが、モチベーションをあげるために、自分に「私はできる。私は優秀だ」と言い聞かせ、自己暗示を真剣にかけたらいいと思います。誰にも、迷惑がかかりませんから。

私は「女性は永遠に二十歳と確信する努力。次に世界で一番、美しいと確信する努力は大切なことだ」とあちらこちらでしゃべっています。

現実に「私は、永遠の二十歳」と自分に言い聞かせて、年齢を聞かれても最低十歳以上サバを読むという方がいました。ある会社のオーナーで、三十五歳と会うたびに言っておられたので、私はずっと信じていました。ある日息子さんを紹介されました。ところがその息子さんは二十代でした。「ちょっと変だな?」と思い、生年月日を聞いて驚きました。それまで三十五歳と信じていました。

「山本欣子さん、あなたは美しい永遠の二十歳です!」

「女性は（無条件で）自分は世界で一番美しい」と、死ぬまで確信してください。そのほうが、ホルモンも分泌が良くなるでしょうし、活き活きと暮らせます。ただし、大事なことですが、**自分が世界一美しいことを周りに強制した瞬間から、軋轢が生じます。**自分だけで美しいと思っていてください。決して、他人と比べたり、恋人や配偶者や家族に、「自分が世界で一番美しい」

ことを強制しないでください。自分だけで確信しているときは「幸せ」ですが、周囲に強制した瞬間からあなたも含めて「不幸」になります。

白雪姫の女王様もそうです、鏡に聞くから不幸になるのです。自分で自分に「美しいのよ」で終わっておけばそれでハッピー・エンドです。誰も傷つきません。

同じように、男性も女性も、「根拠のない自信」を持ってください。**自信に根拠は要りません。**自信は相対比較から起こります。誰かと比べて「仕事ができる」とか「学校歴がいい」とかいったことです。逆に言えば、相対的な自信は、自分より優秀な人、美しい人が出てきたら壊れます。

相対的な自信はお山の大将を生み出します。公務員の皆さんはお山の大将ではありません。お山の大将は、こんな本を読みません。自分が一番、頭がいいと思っていますから。お山の大将は、どこにでもいますが、絶対に山から下りてきません。潜在意識ではわかっているわけです。自分が「それほどたいした人物ではない」ということを。だから、山から下りたら通用しないことも知っています。

人と比較した自信は危ういのです。白雪姫の女王様も白雪姫と比較したから不幸な結末になりました。人と一切、比較しないでください。**人は人。自分は自分**だからです。相対比較をせずに、等身大の自分と向き合って、自由に生きてください。人と比較したら、虚しい優越感に浸れるか、落ち込むかどちらかです。そういう無駄なことに、限られた貴重な人生の時間をかけるのはやめてください。馬鹿馬鹿しいですから。まず「自分はとても優秀なんだ」という「根拠のない自信」を大切にしてください。自信に根拠は要りません。

ただし、自信というのはどこから生まれるのかというと、それは過去の実績です。学校歴がある人は、受験を頑張ったという実績です。けれど、過去は過ぎ去ったことですから、**これからの実績のほうが大事です。**人間は「盛り」を過ぎるとどうなるか。過去の自慢話をし始めます。この人、長くないなというのは、観察していたらわかります。未来ではなく「過去を語りだしたとき」に、人は成長が止まります。

話が横道にそれましたが、ここまでに書いたことはこの本の根幹です。**「楽しく楽天的に、前向きに明るくスキルアップして、家族も自分も国民も幸せに」**というのがこの本のテーマです。これは、私自身の人生のテーマです。もうひとつは**「勉強は楽しい」**ということです（詳細は後述）。

企画書も稟議書も漫画では書かないぞ！

国語力の話に戻しますが、中央省庁では国会の総理大臣答弁や大臣答弁を作成します。国家公務員の初任者研修で、ある省の課長が**「役人は文章を書くのが仕事だから、最初に持ち歩ける辞**

書を買った」と言われました。非常に印象的な話で、今でも鮮明に覚えています。法令業務担当の方はご存知のように「句読点の位置」で法令の意味が変わってきます。内閣提出法案を内閣法制局で文章を精査する理由も、法令は一億三千万人の人すべてが同じように解釈できる文章である必要があるからです。

ある法律が、AさんとBさんで違う読み方ができたら、国の法律はルールになりません。法律は誰が読んでも、同じように伝わる文章でなければいけないのです。

最近は、文字を読むことを嫌がる人が多くなりました。メンタル・ケアのところで書きますが、私は漫画が嫌いではありません。よく「専門書と漫画」という表現をしています。専門知識として、難しい専門書を読みこなす力と、人間としての幅を持たせ、ストレス管理をするために漫画は大切であると思っています。たとえば、「漫画で読む環境白書」など一般教養の部分や**『漫画でわかる会計入門』**のようにその専門分野に興味を持たせるためには漫画は非常に有効です。しかし、漫画だけで終わったら、能力が頭打ちになります。なぜなら、企画書も稟議書も法令もすべて文字で書くからです。漫画で稟議書を出す役所はありません。**漫画を読むのもけっこうですが、ほどほどにしないと、文章力が身につきません。**

そして、何より、これからは広報も大事になってきました。自分達の政策を納税者に知ってもらって重要性を確認してもらう必要があります。

私は、**漫画にも精通し、文章にも精通し、感動できる文章を書ける公務員**がベストだと思っています。「お役所言葉はわかりづらい」といわれます。けれども、すべてを漫画で書くわけにはいきません。漫画も要約力ですから、要点を押さえる要約力が必要です。担当課が最終チェックをするわけですから（そうした言葉の言い換え便利帖があります。『**外来語・役所ことば言い換え帳**』（杉並区役所区長室総務課編　ぎょうせい）と『**外来語言い換え手引き**』（国立国語研究所「外来語」委員会　ぎょうせい）です。ただし、まだまだ改善の余地があります。改善する主役は皆さんです。また『**分かりやすい公用文の書き方**』（礒崎陽輔　ぎょうせい）もあります。「ことば」のマニュアルは大事です）。

私の本は賢い中学生が読める書き方をしています。たとえば、「作成」と書かずに「作る」という書き方をしています。「作成」と書いたほうが楽なのです、使い慣れていますから。それでも「作る」と書く。この本を読まれて、簡単な書き方をしていると皆さんは思われたと思います。当然、知的水準が高い方がこの本を読まれているわけですから当たり前です。しかし、簡単に書きました。

もう一度国語力！

最後に、国語力の重要性をもう一度書きます。

実体験は大事です。たとえば「頭でっかち」という言葉があります。「インドのスラムでの

『灼熱』状況はどうですか？」と聞かれても、どれくらいが灼熱かわからないでしょう。私は、インドのスラムに行ってきました。まだ、インドのスラムは行けます。皆さん、次の台詞を追体験できますか？

「地球は青かった。」

写真なら、インターネットで検索できます。けれど、宇宙船やスペースシャトルで「地球」を見に行くのはかなり難しいでしょう。人類の文化が飛躍的に発展したのは、文字の発明により、多くの先人達の思想や体験を追体験できるようになったからです。口承よりも、はるかに文字のほうが効率的です。そして、グーテンベルクの印刷機の発明がヨーロッパに近代文明をもたらしました。文字による情報の吸収は大切です。また**「インプットした分しか、アウトプットできない」**という言葉もよく使われています。

自分自身が本などで吸収した分しか、人には伝えられません。『ハリー・ポッター』の著者がイギリスの生活保護プログラムを一作目の執筆時に受けていた話は有名です。けれども、彼女は大学までひたすら本を読み続けています。本人も「本を書くなら、大量に本を読まなければいけない」と言っています。

そして、最後に、**国語力は、コミュニケーション力**でもあります。特に、昨今のようにメールでコミュニケーションがとられるようになり、日本人がもっとも文字を書いている時代といわれている今、**文章力を磨くことはすべてのスキルの中心**です。

国語力は、良い本を読んだ絶対数です。良い本というのは、優秀な作者が書いた本です。前著でも紹介しましたが、国語力を簡単に身につける方法は薄い良書を大量に読むことです。良い思想は『論語』などから吸収しますが、文章力は**「岩波ブックレット」**から吸収します。

最近、私が買った岩波ブックレットを紹介します。**『科学と社会』**（都留重人　元一橋大学学長）これは、七十ページで四百八十円です。**『後藤田正晴語り遺したこと』**（対談　加藤周一）。これは六十ページほどの冊子です。**国語力をあげるコツは、できるだけ薄い良書を読むことです。**私は、岩波ブックレットを読書習慣として読むことが、最良の方法だと確信しています。

3　公務員であることに最高・最大のプライドを！

公務員は砂の中の昴《すばる》

私が公務員になったのは「貧しさをなくし、すべての国民が幸せに暮らせる世界を作りたい」という願望からでした。小学校の卒業文集に書いた尊敬する人は「ロバート・オーエン」でした。どうしたら、みんなが豊かに暮らせるか？　これが、私の大きなテーマでした。もともと、私は「官」に向いていない人間かもしれません。最初に経済学から始まり、そして、実際に社会を動かすシステムとして立法業務に落ち着きました。いま、日本は経済格差が広まりつつあるといわれています。その中で、公務員が果たす役割は非常に大きいと思うのです。

何度も出しますが、佐々淳行先生の『**定本　危機管理**』は一読の価値があります。佐々先生は**「公務員はパブリック・サーバント（公僕）ではない」**と断言しています。

明確なビジョンを持って仕事をするとき、公務員は日本や地方を作る原動力となります。

日本は三権分立の国です。三権である司法、行政、立法のうち、立法は社会システムである法律や条例を作り、方向性、ビジョンを描きますが、実務は「行政」が行います。立法は方向性だけであって、実務はありません。**公務員の担う「行政」がなければ国も地方も動かない**のです。

「法隆寺を作ったのは誰でしょう？」という謎々があります。答えは、「聖徳太子」ではなく、「大工さん」です。聖徳太子一人で法隆寺を作ることは不可能です。奈良の東大寺には日本一大きな大仏があります。あの大仏も聖武天皇が毎日、コツコツ粘土をこねて作ったものではありません。クフ王のピラミッドも三百六十五日休むことなく、クフ王が一人で石を運び作り上げたピラミッドではありません。

大きな事業を行うとき、ＮＨＫの「プロジェクトＸ」のように名もなき多くの人々の汗と涙が後世に残る遺産となるのではないでしょうか？

私は、**公務員はすべて「砂の中の昴」**だと確信しています。要するに、役割分担なのです。

公務員がいなければ国は動かない

政治家は方向性を決めるだけです。公務員が動かなければ、実務は何もできません。

いま、行政の効率化が行われていますが、実務を担うのは政治家ではありません。すべて公務員が行います。

一部の公務員の不祥事で、組織全体のモチベーションが下がることがありますが、人間は完璧ではありません。ですから、間違いや不祥事が起こることは当たり前です（肯定はしませんが・・）。ある意味、「公務員受難」の時代ではありますが、そういう中だからこそ、個々人はスキルアップして飛躍に備えて欲しいと思うのです。必ず、時代の反動がきます。現在の公務員バッシングは明治維新以降、あまりにも「官」が力を持ちすぎたことに対する反動でしょう。逆に言えば、それだけ影響力があったわけです。

あまり、周囲の雑音に惑わされず、皆さん自身の能力を向上させて、自身の自己実現を果たしていただければと思っています。

4　もっとも効率的な勉強法

専門外の部署に異動したときの勉強のコツ

よく効率的な最大限の効果をあげる勉強の仕方を聞かれますが、簡単です。それは、**自分の好きな本を読む**ことです。大事なことなのでもう一度書きます。**興味のある好きな専門分野の勉強を極める**ことです。

実は、スキルアップに結びつくあらゆる勉強法の極意はここにあります。私も興味のある本はいくらでも読めますが、嫌いな分野の本は読めません。ページを開くこと自体が拷問です。ですから、買っても読まない本も山積みになっています。**嫌いな本を読むほど公務員は暇ではない**のです。ただし、専門職の場合は別ですが、現実には、本人の希望をほとんど無視した比較的、理不尽な人事異動制度というものが公務員の世界には存在します。予算を作っていた方が、突然、法令や条例業務についたり「福祉から広報に異動！」など、信じられないことをやってくれます。ある意味、公務員は「究極の総合職」なのかもしれません。

私の前著『**絶対わかる法令・条例実務入門**』（平成29年に新版が出ています）もいきなり人事異動で法令セクションに移った方が読んでくださっているという声をききます。筆者としてはありがたいことですが、異動させられた本人は大変でしょう。では、そういう比較的、理不尽な異動があった場合にどういう勉強をしたらいいのでしょうか？

結論は**「異動したセクション（部署）の仕事を解説したもっとも薄い本を読む」**ということです。具体例を書きましょう。

もしも、あなたがいきなり「生活福祉」の担当になった場合どうしますか？　生活保護業務に関しては、毎年『**生活保護手帳**』が全国社会福祉協議会から出版され、この本が地方自治体の生活保護業務のマニュアルとなっています。ただし、これは六百ページ余のかなり分厚い本です。大学で社会福祉を専攻したならいざ知らず、それ以外の方がこの本をいきなり読むのは苦痛だと思います。

では、何を読むのか。最初に『**保護のてびき**』（第一法規）を読みます。数百円で約七十ページです。薄いです。そして、ネットで電子政府から厚生労働白書の生活保護の部分を読みます。また、自分が所属する自治体のＨＰや市民向けリーフレットの「生活保護の申請の方法」を読みます。利用者向けのガイド本も売っていれば読みます。まとめると、異動した時の勉強のコツは、次のようになります。

第一ステップ　担当セクションに関するもっとも薄い本を読む。

第二ステップ　担当セクションの白書の関係部分だけを読む。
第三ステップ　担当部署の利用者向けガイドを読む。
第四ステップ　担当部門のマニュアルを読む。
第五ステップ　担当部門の根拠法を読む。

公務員の仕事は法令に基づいて行われている

「第五ステップ」で担当部門の根拠法を読むと書きました。意外に忘れてしまう人が多いのですが、公務員のすべての仕事、つまり**「行政部門」は「立法部門」の議会が作った法令に基づいて行われています。**法令とは、憲法、国会で制定される「法律」、法律に基づき閣議で決まる「政令」、法律に基づき各大臣が決める「省令」、そして憲法、及び法律に基づき地方議会で決まる「条例」等の総称です（詳しい説明は拙著**『新版　絶対わかる法令・条例実務入門』**（ぎょうせい）に書きました。話が被るのでこの本では簡単に説明します。）。

行政は三権分立の一分野ですから、勝手に仕事をすることはできません。公務員の仕事は何らかの民意、つまり法令に基づいて行われているのです。

生活保護を例にとると、法律である生活保護法、政令である生活保護法施行令、省令である生活保護法施行規則となっています。一部例外もありますが、法律は「法」、政令は「施行令」、省令は「施行規則」となっています。また、行政通知として厚生労働省の局長や課長名で出されたものがあります。通知というのは、全国一律に法令が実施されるように各省が出している法律の細かい見解です。

他のあらゆるセクション、専門分野資格試験でも、この方法（五つのステップ）が使えます。仕事に関する勉強方法はこれで終わっていいくらいです。

私は、学生時代から受験や資格試験の指導を行ってきましたが、あらゆる試験に通用する勉強法がこの方法だと思っています（昇進試験対策や資格試験対策は後述）。

薄い本を読み、概略を理解し、そしてだんだん分厚い本を読む。これに尽きます。そして、新しい分野の勉強や資格習得のもっとも確実な方法は、**専門分野の一番薄い本を読み、次に過去問題を解き、分厚い参考書は辞書代わりに使う**ということです。ですから、生活保護の仕事も『生活保護手帳』は覚えるものではなく、辞書代わりに使えばいいのです。

私は、ある市の政策を立案した際に「ストレス・レス」という言葉を使いました。**効率の悪い勉強はストレス源**になります。もっとも効率よく学ぶ方法をマスターしてください。

5　絶対身につく法律勉強法

法令知識は公務員の必須の知識

法律を学ぶ最も効率的な方法は、次のとおりです。

第一、『新版　絶対わかる法令・条例実務入門』（林　雄介　ぎょうせい）を読む（自著だからではありません！）。

第二、条例であれば、旧自治省出身の早坂剛元内閣法制局参事官（旧自治省ＯＢ）の**『条例立案者のための法制執務』**（ぎょうせい）を読む。

第三、法律であれば、田島信威元参議院法制局長の**『最新法令の読解法―やさしい法令の読み方』**か、長谷川彰一元内閣法制局参事官の**『法令解釈の基礎』**を読む。私は、後者を利用しています（いずれもぎょうせい刊）。

第四、『新訂ワークブック法制執務』（法制執務研究会編　ぎょうせい）は絶対必備の本です。というのは、現行の法令はこの一冊に準拠して作られているというくらい霞が関の「公式教本化」しているからです。内閣法制局経験者軍団が執筆した最強の一冊と言えます（※内閣法制局とは、内閣官房に所属し、各省の法令事務官が出向、参事官（本省の準課長クラス）が、内閣提出法案にミスがないか「句読点の位置」まで細かく指導してくださる、霞が関の「虎の穴」です）。

第五、林修三元法制局長官の『**法令作成の常識**』『**法令用語の常識**』『**法令解釈の常識**』（日本評論社）の三部作を読む。新書サイズなので持ち運べます。私は、毎日、通勤時間に霞ケ関駅に向かう地下鉄丸の内線の中で読んでいました。

ただし、最初に書いたことですが、**一番身につくのは、自分で試行錯誤しながら、法令を手探りで調べていく方法です。**言葉を換えると「体で覚える」、文字通り「体得」するということです。

法令集はいつも手元に一冊置く

短期的な時間管理（タイムマネジメント）を考えれば、職場で法令に詳しい人に頭を下げて教えてもらうことが一番でしょう。そして、誠心誠意お願いして、アドバイスをいただき、自分の法令の仕事を結果として手伝ってもらうことです。

短期的な効率性を考えれば、法令は専門職、中央省庁の法令事務官でない限り、具体的なやり方は詳しい人に教えてもらったほうが早いと思います。ただし、長期的に**管理職に昇進していかれるのであれば、地方自治体の管理職や国家公務員が、法令について「できません、わかりません」では通用しません**（地方分権で自治体の管理職も法令必須に）。

ですから、手探りで試行錯誤しながら、法令作成の実務書を読み、法令を読み、適度に苦しみながら法令をマスターされたほうが、必ずあなた自身のためになります。特に、議員立法や国民（市民）の法令に関する知識が格段にレベルアップしてきた昨今は、**法令を自在に使いこなし、かつ作れる能力は公務員として最高のスキル**だと確信しています。

そして、**地方自治法に精通するには、『自治六法』**等の**法令集を手元に置きます。**

地方自治法完全マスター法

地方自治法は、地方公務員の必修科目であるとともに国家公務員にとっては、地方分権化の中で習得すべき法令です。では、どうしたら地方自治法が体得できるのでしょうか？　地方自治法を体得するには、最初に「地方自治法」を通読します。

その次に**『完全整理・図表でわかる地方自治法』**（学陽書房）を読んで、概略を理解します。後述する昇進対策で地方自治法等の勉強方法は記載しています。その後、**『地方自治法の要点』**（学陽書房）で細かい部分を押さえます。これが、基本です。続いて**『要説地方自治法』**（ぎょうせい）で全体を整理して日々の業務では、毎年改正される**『自治六法』**（ぎょうせい）を手元に置き「判例集」である**『地方自治関係実例判例集』**（ぎょうせい）で判例を調べながら、身につけていきます。『自治六法』には判例がついています。法令集や判例集、解釈本は**最新の武器を持っていな**

いと戦えません。この本は、すべての条文、通知、実例、判例が二色刷りで見やすく作られています。

ちなみに、同じような法令集は『都市計画法令要覧』『道路法令総覧』『用地補償実務六法』『環境六法』『介護六法』等、役所の担当分野ごとに出ています。これら専門の法令集にはインターネットでも調べられない通知通達が収録されており、担当者必携の本です。いずれにしても、この法令となじむことが、最低限のスキルアップの秘訣です。

6　公務員のライフスタイル

実務家が書いた本を読む

公務員として、また、人間として生き抜くために何が必要か、思うところを書きます。**「身の丈」で生きるということが大事です。**私は、難しいことは嫌いです。本もなるべく簡単に中学生がわかるように書いています。

この本は実学に徹します。無駄なことは書きません。必読書も、いかに素晴らしい本であっても、実務で使えない本は書きません。ただ、いくつかの本を紹介しますが、すべての分野の紹介は不可能です。そうした場合に、自分で**専門書を探す基準は、実務経験者が書いた本かどうかと**

いうことです。たとえば、法律を作ったことがない学者の方が書いた立法の本は、本としては素晴らしいし、学ぶことも多いでしょう、しかし、役には立たないことが多いはずです。

患者を治療したことがない医者が書いた『よく治る医学』という本があったとして、皆さんは読まれますか？　同じように会社を経営したことがない人間が書いた、『こうやって儲ける』という類の本を私は信じません。最近は、お金に関する知識の本が売れているようですが、私は作者がどれくらいお金持ちか大変興味があります。

松下幸之助氏が書いた「経営」の本や「商売人の生き方」は凄い説得力があります。けれども、ビジネスをしたことがない方が書いたビジネス書ほど胡散臭いものはないと思っています。

この本も同じです。私の等身大のメッセージしかお伝えすることはできません。私が体得したことしかお伝えできませんし、それ以上のことを背伸びして書く気もありません。

戦争をしたことがない人間が書いた「こうしたら戦争に勝てる」という本を読んで、その通りに戦争をしたら一〇〇％負けると思われませんか？　皆さんは。

たとえば、危機管理に関しては、この本では、はっきり佐々淳行先生の一連の危機管理本を読んでくださいとお願いしています。ご存知のとおり、佐々先生は警察官僚として、現場で連合赤軍とあさま山荘で戦い、防衛施設庁長官、内閣総理大臣官房内閣安全室初代室長です。現場の指揮官として「危機管理」の第一人者です。私が書いた危機管理を読むより、先生のような第一級の人の本を読むことです。

できることしかできない

「できることしかできない」。こう言うと身も蓋もなくなりますが、**人間はできることしかできません。** できること以上の背伸びをしたら、ストレスが溜まります（もちろん、大きく成長することだってあります）。ストレス・ケアのためには「できないことはできない」と認めることは大事です。この本は、向学心がない方は、絶対に読みません。しかし、向学心がある方は、ともすると、無理をしすぎることが多々あります。**肩の力を抜いて、気楽に自分の等身大で自由に生きてください。**「できないことはできません」と言うしかないのです。

いずれできるようになればいいことですし、実務上、「できる人」の力を借りるマネジメント・スキル、人を動かす力を大事にしてください。

人を動かす秘訣

人を動かす秘訣は、「素直さ」です。

実力がある人は、その反面、プライドが高いものです。ですから、まともに議論をしないほうがいいのです。素直に目上の方には、教えを請い、目下の人には、当然、部下なので経験がないわけですから「育てる」という意識で大事に接してください。

人を尊敬して大事に扱うこと、素直に接することが大事です。

優秀な人（上司）は、素直な人には、口うるさく言うことはあっても人間としては、寛大です。無能な人（上司等）は、器が小さいので口ではうるさく言っても、仕事はできません。器が小さい人は無能です。ですから、無能な人に、教えを乞う必要はありません。仕事ができない人に何を教えてもらうのでしょうか？

現場第一主義

何よりも実学が大事です。私は現場でも「現場第一主義」を貫いてきました。私の専門は法令業務です。配属先の業界や実務は現場の方が一番精通しています。そういう方を尊重し、現場第一主義に徹すること。これを信条にしてきましたし、この信条は今も変わりません。

現場の第一人者に頭を下げて、教えを乞う。実学は「現場」にありです。

勉強は、本を読むだけではなく、現場で体得してください。私が法令の学び方の本を書けたのは、現場で法令を試行錯誤しながら作成したからです。同じように、地方の施策や予算も試行錯誤した「身の丈」分しか書けません。謙虚な姿勢で現場や利用者の方から学ぶそういう姿勢があれば、必ず第一人者になると思うのです。

本だけ読んでも、実務をこなさなければ体得できないことは多いのです。それが、判例集や法令集を手元において必要なときに、自分で調べてくださいとしつこいくらいに書いている理由です。また、どんな職場でも現場で経験を積んできた叩き上げの方から素直に学んでください。実務は、叩き上げの方のほうが上です。マネージャーは管理する仕事ですから、別に偉いわけではありません。**管理職が上で、現場が下と考えないほうがいい。**役割分担です。

公務員の「本志」

公務員として一番大切なこと。それは、国や地方をよくしようという本音の志ではないでしょうか。かつて、国家公務員研修の際に、中国の上級官僚とのグループ討論会がありました（私は司会役でした）。そのとき、中国の国家行政学院（上級職の中でさらに選別された職員が学ぶ養成機関）の若手官僚から「中国の公務員の待遇は悪い、日本はどうか？」と質問され、財務省の女性職員が答えました。

「不安定な雇用情勢の中で、安定した職種として身分保障があるのはメリットかもしれませんが、同じ大学を同じ成績で出た友人がもらっている賃金よりははるかに低い」と。

公務員に対する、政治的な風当たりが強くなっているように感じますが「高い志」を持っておられるから、私はこの本を読んでおられると確信しています。向上心がない人は、こんな本を読みません。向上しようとする素晴らしい「志」の公務員だけが、この本を読むのです（うれしいことに口コミで沖縄の公務員の方が、私の前著を読んでくださっているそうです）。

公務員の幸せが国民の幸せ

最後に、この本の概略を説明します。まず、**法令と予算に精通する**こと。そして、政策立案の根拠となる社会科学、細かく書けば政治学や行政学、経済学そうしたものを学んでいただく航海図（チャート）の役割を果たすこと。次に、**個人の幸せが第一**であるという認識をもつこと。「滅私奉公」といった憲法の主旨に反し、かつ基本的人権と憲法の基本理念「個人の尊厳」を無視した発想は捨てていただきたいのです。

私の「霞が関」の同期も自殺しています。まず、公務員である読者の方が幸せになって、その次に国や地方の仕事ができるという基本理念に基づいているということです。

皆さん（公務員）が幸せにならないと、国民は幸せになれない。

大事なことなのでもう一度書きます。公務員が幸せにならなければ、日本の国民は幸せになれない。これは、あらゆる職業に関して言えることだと確信しています。一家離散してノイローゼになっているカウンセラーのところに相談に行きたいですか？　マスコミもメーカーも、政治家もそうです。まず本人が幸せになって、次に職業を通しての社会貢献があるのではないでしょうか？　**本人が犠牲になって、社会貢献をすべきではない**と思います。

逆の立場で考えて下さい。安い報酬であなたのために働いてくれた弁護士さんが、あなたの事件のために自己犠牲になり自己破産しました。依頼者であるあなたはＨａｐｐｙですか？　他者の犠牲のもとに自分がＨａｐｐｙになって、心底、喜べますか？　普通は慙愧の念、後悔しませんか？

仕事も同じです。まず、本人がＨａｐｐｙになって、次に仕事を通じて社会貢献できるのです。日本では毎年、三万から五万人の自殺者がいるといわれています（公式には三万の自殺者ですが、行方不明者の中で海や樹海で自殺した人を含めると五万人強、毎年、尊い生命が失われているといわれています）。

この本では、メンタル・ケアや健康管理を重視しました。一番、重視したかもしれません。私自身も、精神的に辛い時期がありました。ですから、他人事とは思えません。同期が自殺しています。私だったかもしれません。

この本は、**ストレスをためずに公務員をやるための、効率的な勉強法であり、人間関係構築法であり、予算や法律や経済の本である**ということを頭に入れておいて下さい。ここまで、お読みいただき、ありがとうございました。次章から「各論」です。

第2章 健康管理とコミュニケーション力！

1 セルフ・ケアでいつも「健康」！

技術的知識よりも健康知識が大事

実は、当初この章では、公務員に必須の知識である「予算」や「政策評価」、それに「法令」のことを書くつもりでいました。しかし、あえて「セルフ・ケア」のことを先にして、テクニカル（技術的）な話題を後にまわすことにしました。理由は、前章の最後に書いたとおりです。まず、公務員の皆さん自身が「幸せ」であるべきだと考えたからです。

究極の健康管理は「事前対応」です。これは、行政の危機管理に関しても同じことが言えます。たとえば、公務員の過剰人員が問題になっているようですが、私は**公務員の仕事に無駄はない**と思っています。ただし、重要度は時代によって変わるということです。

「事前対応」というのは、病気を予防すること。ストレス・ケアをすることです。行政の「事前対応」は、問題になる前にチェックするということです。病気にたとえるとわかりやすいと思いますが、「病気になってから治療する」（事後対応）より、「病気になる前に予防する予防医療」（事前対応）のほうが、はるかに短い時間でリスクも少ないのです。

行政も「事前対応」することが、危機管理の基本です。危機を予測し、その対処法を講じる。これが、危機管理です（詳細は『危機管理』を！）。危機管理のためには、現在の業務に直接、関係がなくとも将来的に予測できるリスクマネジメントのための人員が必要です。短期的に見て、現在、仕事がないという理由で、あるセクションの人員を最小にした場合、事件が起こったときに行政機構が円滑に機能しなくなります。私は現役のときにそういう事例を体験しています。

逆に言えば、将来のリスクに備えるという発想を大切にし、そのときに備えられるシステムを構築することが危機管理なのです。

睡眠時間は何としてでも確保しよう

さて、本題に戻りましょう。健康やメンタル面に関する事前対応、危機管理、リスクマネジメントは三つです。

①病気になる前に「よい医者」を確保していること。
②悩む前に、「よいカウンセラーやセラピストや心療内科」を確保していること。
③健康に関する知識に精通すること。

日本ペンクラブ会員（国際ペン会員）で、人材教育トレーナーでもある青木仁志氏は、「健康がすべてではない、けれど、健康を失うとすべて失う」と言っています。私自身は、霞が関の職場に寝袋で泊まり、二時間睡眠で法令を作成したり、大臣の国会答弁を書いたりしました。その後、当然、体調を崩しました。馬鹿な話ですが、体調を崩した理由がずっとわかりませんでした。

理由は簡単でした。**人間には限界があるので、ちゃんと寝たほうがいいということでした。**先の青木仁志氏と話していて気づいたことです。当たり前のことですが、ずっと、わかりませんでした。**睡眠時間を大切にし、睡眠時間を確保した後、残った時間で仕事をすることがポイントです。**

この本を読まれている皆さんは、真面目で向学心のある方です。ですから、オーバーワーク（過重労働）に陥りやすいと思うのです。自分自身の健康を大切にしてください。

私は、学生時代から、受験指導をしていました。受験に関する本も出しています。その中で、私は「『四当五落』という迷信がある。これは四時間睡眠で勉強したら合格するが、五時間寝たら不合格になるという精神論だが、よく寝たほうがいい」と書きました。これは、大和魂があれば竹槍でB29に勝てると言っていたのと変わりません。精神論だけで戦争や経営をしたらまず負けます。戦争も経営も科学が必要です（精神論は不要だと言っているわけではありません）。

睡眠時間を確保するためには、整理整頓、仕事の重要度に応じ「A＞B＞C」の優先順位付け、Aから片付けていく習慣づけをしなければなりません。無駄な仕事は省く習慣形成です。そして、人に頼める仕事は上司でも頼むコミュニケーション力の向上。こうした方法で「睡眠時間」を確保して、残りで「仕事」をし「家庭」を大事にします。

優先順位づけやタイムマネジメントのノウハウは青木仁志氏の二冊をお勧めします。**『絶対営業力』**（産業能率大学出版部）と**『21世紀の成功心理学』**（アチーブメント出版）です。睡眠の話に戻しましょう。睡眠時間を削らずに働くにはどうしたらいいか。それは、睡眠時間から逆算して仕事をするのです。わかりやすく言うと八時間なら、八時間の睡眠時間をタイム・マネジメント（時間管理）としてスケジュール帳に書いて、余った時間で仕事や付き合いをします。

簡単なことです。ただし、できていますか？　睡眠時間を削って、無駄なお付き合いや仕事をしていませんか？　よく寝ることは健康管理の大原則です。私はこれがわかるのにかなり長い時間と犠牲を伴いました。今、私は寝る時間を先に決めて、その時間に寝るためにはどういうスケジュールを立てたらいいか、また、仕事やお会いする人の明確な優先順位づけを行っています。

時間は平等です。だから貴重な時間を無駄にしないように物事に優先順位をつけるのです。

ところで、健康に関する基礎知識はどこから入手したらいいのでしょうか。三つあげます。

①学研等の**「身体に関する児童漫画」**

②**『家庭の医学』**（保健同人社）

③**『食べて治す医学大事典』**（主婦と生活社）

『家庭の医学』は、細かい病気の知識がコンパクトに書かれています。一冊常備しておいてこまめに読んでください。『食べて治す医学大事典』は、私が個人的に好きな本です。漢方の話や病気の簡単な基礎知識が載っています。

2　いかに「やる気」をつくり出すか

手帳の活用

モチベーションをあげる秘訣は、自分の人生理念、正確にはなぜ、あなたが公務員をやっているのかという初心を大事にすることです。あなたは、あなたの選択で公務員をやっているのですから、理由があって公務員をやっているはずです。外に動機づけを求めないほうがいいのです。

佐々淳行先生は、研修で「手帳を大事にしなさい。もしも、いまの組織のやり方に不満があれば、メモしておきなさい。そして、自分が管理職、決定権がある職責についたら手帳を読み返し、自戒とし、改善しなさい」と言われました。

先人語録に学ぶ

先人の残した書物から学ぶことは多くあります。私は、宮澤喜一元首相や後藤田元副総理そして、**『論語』『大学・中庸』『孟子』『菜根譚』**（いずれも岩波文庫）、**『運命を拓く』**（中村天風　講談社文庫）といった、生き方論から多くのことを学び自分を励ましてきました。**『論語』**も**『大学』**も、昔の公務員の教科書であり、必読書です。古典として、読みつがれてきた奥の深さがあります。「なぜ自分が公務員であるか」という原点に立ち戻る本です。

さて、**士気（モチベーション）が高いほど、生産性はあがります。**そのためには、なぜ仕事をするのかという明確なビジョンがあったほうが高い生産性があがります。私は、大学時代、インドにフィールドワークに行ったときに、松下（現パナソニック）の家電工場の見学に行きました。余談ですが、インドは海外派遣の最終ゴールと呼ばれているそうです。それくらいハードなので、海外経験の猛者が派遣されるのです。

そこでは**「巻物」**が読まれていました。「巻物」は松下幸之助氏の経営理念を明文化したもので、要するに松下イズムです。世界の松下では、毎朝、朝礼で松下幸之助氏が亡くなられた後も、松下イズムが理念として受け継がれているのです。

公務員の仕事の規範は法律

ところで、自分の仕事の理念はどこにあるのでしょうか？　公務員の皆さんの「巻物」はどこにあるのでしょうか。それは、法令にあります。公務員の仕事は、法律に基づいて行われています。

究極の公務員の理念は憲法です。公務員は、憲法を実現するために仕事をしています。憲法を読むときに、これが自分の働く理念だと思ってください。同じように、各省庁には設置法があり、なぜ、この省があるのか、また各法律には根拠法があり、なぜこの施策が必要なのか書かれています。例として、教育基本法（平成十八年十二月二十二日法律第百二十号）を引用します。

我々日本国民は、たゆまぬ努力によって築いてきた民主的で文化的な国家を更に発展させるとともに、世界の平和と人類の福祉の向上に貢献することを願うものである。
我々は、この理想を実現するため、個人の尊厳を重んじ、真理と正義を希求し、公共の精神を尊び、豊かな人間性と創造性を備えた人間の育成を期するとともに、伝統を継承し、新しい文化の創造を目指す教育を推進する。
ここに、我々は、日本国憲法の精神にのっとり、我が国の未来を切り拓く教育の基本を確立し、その振興を図るため、この法律を制定する。

（教育の目的）

第一条　教育は、人格の完成を目指し、平和で民主的な国家及び社会の形成者として必要な資質を備えた心身ともに健康な国民の育成を期して行われなければならない。

（教育の目標）

第二条　教育は、その目的を実現するため、学問の自由を尊重しつつ、次に掲げる目標を達成するよう行われるものとする。

一　幅広い知識と教養を身に付け、真理を求める態度を養い、豊かな情操と道徳心を培うとともに、健やかな身体を養うこと。（以下略）

こういう理念で教育が行われているのです。同様に、文部科学省設置法第三条で、文部科学省の任務がうたわれています。

（任務）

第三条　文部科学省は、教育の振興及び生涯学習の推進を中核とした豊かな人間性を備えた創造的な人材の育成、学術及び文化の振興、科学技術の総合的な振興並びにスポーツに関する施策の総合的な推進を図るとともに、宗教に関する行政実務を適切に行うことを任務とする。

こうした理念を知ったら、士気があがるとは思いませんか？　ですから、法律を斜に構えて読まないで欲しいのです。建前論もあるかもしれません。しかし「プロジェクトX」のように、**名もなき侍達が日本が良くなるように作ったのが法律です**（建前では法律は議員がつくることになっていますが）。国会議事録を読んでも法律の成立過程を読んでも、長い審議や背景や必然性があって法律ができています。どうでもいいことなんか法律にしません。大事なことだから法律にするのです。

常に当事者であれ

自分のやっている仕事に自信がなくなったら、根拠法の策定理由や、法制史（法律ができたプロセスが書かれた分厚い本）を読んでください。「あなたの仕事に無駄はない」ということがわかります。必要だから、行政がやっているわけです。**評論家になってはいけません。**部外者が評論することなど簡単です。「あら捜し」をするほうは簡単です。世の中は、無責任な人が多いのです。Ｕｎｈａｐｐｙな人は、批判が好きです。無責任な人の批判を耳にするほど、人生は暇ではありません。大事な言葉です。
また、さらに詳しいモチベーション・アップの方法は『**セールスモチベーションアップ術**』『**マネジメントモチベーションアップ術**』（青木仁志　アチーブメント出版）に書かれています。百ページ足らずの薄い本ですからすぐ読めます。

3　公務員の疲れない人づき合い

変えられるのは自分だけ

日本リアリティーセラピー協会主催のDr.グラッサー博士の選択理論心理学に関する集中講座を受講してきました（http://www.choicetheorist.com/）。

選択理論心理学とは「他人は変えられない、変えられるのは自分だけ」という心理学です。日本選択理論学界は日本学術会議認定団体ですが、選択理論はアメリカの精神科医、グラッサー博士が理論化したものです。この方の渾身の一冊が『**グラッサー博士の選択理論**』（グラッサー　アチーブメント出版）ですが、五百七十二ページもあり、すばらしい本ではありますが、読むこと自体がストレスになる恐れがありますので、まずは、柿谷寿美江氏の『**幸せをはぐくむ素敵な人間関係**』（日本リアリティーセラピー協会）をお読み下さい。五十ページほどの薄い本ですからすぐ読めます（五百円）。柿谷先生は、臨床心理士でご主人の柿谷立正大学教授が日本選択理論学会の学会長です。

選択理論は、人間の五つの基本的欲求（愛・所属、力、自由、楽しみ、生存）に基づき内側からの動機付けで人は行動しているという理論です。ただし、皆さんが実行するのに専門知識は要りません。

人間関係をつくる七つの法則

今日から、すぐ実行できます。「人間関係崩壊の七つの原則」をやめて「人間関係構築の七つの原則」を実行するだけです。

人間関係崩壊の七原則（七つの致命的な習慣）

1 批判する
2 責める
3 文句を言う
4 不平を言う
5 脅す

6　罰する

7　自分の思い通りにしようとして褒美で釣る

この七原則を職場で実行すれば、上司からは信頼されず、部下からは見放され、同僚からは無視されます。家庭で、忠実に実行していただければ、間違いなく離婚できます。

人間関係を良くする七原則（身につけたい習慣）

1　支援する

2　励ます

3　傾聴する（よく話を聞く）

4　受容する（受け入れる）

5　信頼する

6　尊敬する

7　意見の違いについて常に交渉する

グラッサー博士はまず一週間、七つの致命的な習慣を捨て、七つの身につけたい習慣を実行すればいい人間関係は改善すると断言しています。こう書くのは簡単ですが、試しに実行してみてください。すべて実行が伴わない行動は嘘になります。

「論語読みの孔子知らず」といいますが、言行不一致ではなんのために本を読んだのかわかりません。本は改善・向上・実践のためであって、目や脳のトレーニングに本を読むわけではありません。実学に徹しませんか？

問題は、この七つの致命的習慣（外的コントロールという）を自分自身に対して、意識的にもしくは無意識的に使っている人が意外に多いということです。自分を無能だと責め、自分を批判し、自分を脅していませんか？　もっともっと、自由に気楽に生きませんか？　人生辛いことが多いけれど、複雑に考えたらＵｎｈａｐｐｙになります。哲学したら自殺します。お気楽でいいのです。自分を責めないでください。過去の過ちも「赦して」ください。自分を大切にして、自分を愛してください。リラックスして、人と交流してください。

4　ベスト・コンディションのためのセルフ・ケア

セルフ・ケアは、「健康管理」「メンタル・ケア」の二本柱で行う自己管理です。まず、ストレスにならない生き方を選ぶこと。グラッサー博士は「人間の不幸は身近な人との人間関係が良好ではないことから起こる」と言っています。

家族、配偶者、職場の上司、部下、同僚、仕事に関わる人との対人関係がうまくいかなければ幸せに生きられません。選択理論心理学の七つのよい習慣を実践して、仲良く職場でも過ごしてください。

健康管理の秘訣

さて、健康管理のノウハウはなんでしょうか？　青木仁志氏は『**21世紀の成功心理学**』（アチーブメント出版）の中で、健康管理の十の原則をあげています。

1　よく噛む
2　寝る三時間前は腹に食べ物を入れない
3　適度な運動をする（毎日一万歩）
4　肉類を少なくし、旬のものやその土地で出来た新鮮なものを食べるようにする
5　熟睡できるよう環境を整え熟睡する
6　早寝・早起きを実践する
7　明るく生きる。くよくよしない
8　良い水を飲む

9　ストレス管理を行う
10　健康補助食品をとる

なかなか実行しようと思っても難しいものです。できることから始めて毎月一つずつできることを増やしていけば十か月で健康になれます。

病院は病気になる前に行く

次に、「事前対応」（予防医療）の大切さです。私は毎月、地元の新美クリニックで欠かさず血液検査を行っています。看護師さんにも顔を覚えられています。ある意味、常連客です。ですから、自分の健康状態を常に把握できる状態にあります。そこでは、新美クリニック副院長の新美佐知子先生に健康アドバイスを受けています。私事ながら、新美先生は私の小学校からの同級生の母親です。要するに、先生は私にとって頭が上がらない存在です。医者の言うことを聞かない患者は意外と多いものです。ですから、私は**「絶対にさからえない信頼関係のある医師」の確保**が大切だと思います。

私は、過去に都内の有名巨大病院で「仕事を控えたら、健康になる」と言われ、「それができるなら、病院にこない」と反論したことがあります。あのとき、医師の言うことを素直に聞いていれば、その直後、オーバー・ワークにはならなかったでしょう。

当時の私は、過労死する人の共通項である「まじめで責任感が強く几帳面」でしたから、よく上司に「人生、手抜きが大事。どこで手を抜くかが大切」と言われていました。しかし、実行できませんでした。私の経験から断言できますが、ある意味で**仕事と人生に手抜きは大事です**。大事なことなのでもう一度書きます。人生も仕事もメリハリをつけましょう。休むときは休みましょう。仕事がすべてとは思いません。

また、医師との相性もあります。この話を、新美先生にしたところ「でも、よく病院にいくと、知っている人に会って、病気だと思われるから行きたがらない人もいるでしょう？」と言われました。そこで、私は、言いました。

「毎月、検査に来ていたら病気なのか検査なのかわからない」

と。病院は、病気になる前に行くところです。土曜日や休みの日にいい病院を探してください。今はインターネットや病院の選び方の本もでています。ですから、情報を収集しながら、健康なときに、病院探しをします。**病気になってから、病院は探せない**のです。

自分自身に対する究極の危機管理は、**病気になる前にいい医者を探しておくこと**です。

悩む前にカウンセラーを探す

同様にメンタル・ケアも、悩む前に、信用できるよいカウンセラー（相談相手）や心療内科を確保しておくことです。私の父の同級生が、愛知県臨床心理士会会長ですが、悩む前によいカウンセラーを確保しておくことです。うつ病になったら、医者など探せません。

アメリカでは、学校にスクール・カウンセラーがいますから、よいカウンセラーを確保していることはホワイト・カラーのステータス・シンボルになっています。ただ、カウンセラーが普及しなければいけないアメリカというのも、いい社会なのか疑問ではあります。

アメリカの場合は、個人意識が強いですから、家族よりも第三者的なカウンセラーに恋愛相談などを行いやすいのかもしれません。**いざというときの逃げ場があるということは大事なこと**です。いざとなったら、相談できる存在があれば、突発的には自殺しないはずです。

では、どういう方法で探すか。ネットや本になっている「病院の探し方」で探してください。具体的にどの本がいいということはありませんので、自分自身で書店の健康コーナーや心理学コーナーにいって「心療内科の選び方」等を読んでみてください。二冊あげます。

『心療内科を訪ねて』（夏樹　静子　新潮社）

『安心できる心療内科のかかり方、選び方』（山岡　昌之　実業之日本社）

5 ストレス管理とメンタル・ケア　思考場療法のススメ

好きなものを探そう

ストレス管理は、楽しいこと探しです。趣味や熱中できるもの。そういうものを大事にすることだと思うのです。たとえば、私は具合が悪いときに、専門書や六法全書を読みません。受験指導の本（拙著**『この通りにすれば受験にうかる』**）で書いたのですが、中学生のときは、風邪を引いたら井上靖や永井荷風等の名作を読んでいました。読書は、娯楽が原則ですから。ただし、いまは漫画を読みます。小説も軽い本、吉本ばななさん等は読みますが、熱が出てストレスがあるときに『人間失格』や『金閣寺』などを読んだら、余計に気が沈みます。

たとえば、手塚治虫先生や川原泉先生等の夢があるもの、音楽でも皆さん自分が好きな音楽がありますね。愛媛県にいる親友の沖野奈央子さんは、器が大好きです。桜の器や白いボールの器を眺めているだけで「幸せ」なのだそうです。彼女も数字を扱う仕事をしていますから、ストレスは大きいはずです。そういう自分だけの「幸せ」は大切です。人生は「幸せ」探しでもあります。

好きなもの探し、趣味を生活の基盤におくことがストレス管理の原則です。哲学したら自殺します。悩むから自殺するのです。**無責任で適当に生きている人のほうが長生きです。**ただ長く生きることがいいとは思いませんが。

聖徳太子は四十九歳で死に、蘇我馬子は七十五歳（推定）まで生きました。憎まれっ子ほど長生きし、善人ほどストレスで早く死ぬのです。どうか、ストレスのない人生を送ってください。

私が政策を作った岐阜市では、「笑い」を中心とした都市づくりを推進しています。私は、吉本新喜劇等のお笑いライブも行いたいと思っています。笑って楽しく生きていきたいと思うのです。

人間、時には**『千と千尋の神隠し』**（宮崎駿監督）のDVDでも見て、ボーッとしている時間も大事です。**常に童心に帰ることができる柔軟性が変化のある時代に対処できる能力**です。

思考場療法によるストレス・ケア

ところで、TFT（思考場）療法というものがあります。これは、アメリカのロジャー・キャラハン博士が生み出したもので、簡単に書くと「嫌な感情（思考場）は一定の順序のタッピングで消せる」というものです。後述した日本TFT協会のサイトに詳細があります。**『TFT（思考場）療法入門』**（ロジャー・キャラハン　春秋社）をお読みください。普通のストレスなら、だいたい消えます。キャラハン博士は、レイプされた女性や戦場帰りの兵士のトラウマなど深刻なトラウマを取る方法（ＶＴ：ボイス・テクノロジー。日本では日本ＴＦＴ協会の森川綾女理事長等が行える）を開発しているため、普通のトラウマならだいたい消えますが、セルフ・ケアを超えた範囲、配偶者の死などに関しては個人で行うことは危険なのでやめてください。

　これは、ストレス管理とメンタル・ケアでは、知りうる限りでは最良のものです。歯科医師の間で、子供にタッピングして泣かせないようにするために広がっています。一時間程度のセルフ・ケア研修やアルゴリズム・セラピスト研修（二日間）が全国で開催されています。

　選択理論心理学もそうですが、ＴＦＴも本を読むより研修に出たほうが早いし、実践的だと個人的には思っています。ＴＦＴも本を読むこと自体がストレスになりえますから、研修に参加されたほうが効率的です。

　最後に、ストレス管理に関して言えば、**自分で責任を背負い込まない**ことです。公務員は組織で仕事をしています。もしも、個々の公務員に責任を問わせるのなら、リーダーの資質に問題があります。

　ＴＦＴについては、次のサイトを参照してください。

日本ＴＦＴ協会（http://www.jatft.org/）

6　加圧トレーニングによる健康管理

怠け者の筋力アップ法

加圧トレーニングとは、東京大学の石井直方教授をはじめとした研究者や宇宙開発でも研究されている筋力トレーニングです。一言で言うと**怠け者のための筋力アップ法**です。両腕と両脚に空気ベルトを巻き、適度な圧力を加えることで、筋肉を騙し、活性化させるというセコイ方法です。

効能としては、血液中の成長ホルモン等を増加させます。また、私は、友人の鷲崎光輝先生のわかば接骨院で、定期的に加圧治療を受けています。保険だと数百円のようですが、私は自費で二千円で一時間以上、加圧以外の整体やマッサージも受けています。鷲崎先生は、いろいろ健康に役立つものを探してくるのが好きらしく、「冷え性の研究と治療」も趣味にしています。先日は、血のドロドロ度チェックを受けてきて、水分不足を指摘されました。

最初、加圧トレーニング、正確には加圧ベルトを巻き、両腕、両脚に圧力を加えただけですが、両腕に赤い斑点が出てきました。毛細血管が弱いと、筋肉中に血がにじみ出てくるそうです。加圧筋力トレーニングは、リハビリにも利用され鷲崎先生は、リハビリ用として、主に活用されています。加圧トレーニングそのものは、「怠け者の筋力トレーニング」ですから、鷲崎先生の知り合いのトレーナーは、ゴルフのスコアを上げたい人を対象に加圧トレーニングを活用しているそうです。

私は、健康管理として「怠け者の筋力トレーニング」は活用できるのではないかと思っています。実際に、数回の通院で腕の毛細血管の破損がなくなり、血がにじまなくなりました。これは、血管の弾力性が向上した可能性があります。わかば接骨院では、手の上げ下げや足の上げ下げを二十回程度行っているだけです（最近、回数が徐々に増えてきました）。

真剣に、筋力アップということになるとまた違う方法があるかもしれませんが、公務員の健康管理としてはそれで十分なのでしょう。全国に加圧トレーニングを行える接骨院等がありますから、肩こりや疲労回復、また、必要であればゴルフのスコア向上に役立ててください。鷲崎先生は、高齢者の予防医療に利用したいと考えていますが、私の趣味は散歩ですが、私はＷＡＬＫＩＮＧの最中に加圧ベルトを巻いて歩けば、相当、筋力がつくと思っています。全国の自治体で高齢者の健康促進にＷＡＬＫＩＮＧは促進されていますから、そういう場所で応用が可能でしょう。私見です。

日本加圧トレーニング学会のＨＰ（http://kaatsu.jp/）

鷲崎先生のＨＰ（http://www.wakaba-b-s.com/）

自宅でできる加圧トレーニング

ＰＨＥＮＩＸというスポーツウェアーの会社から、カーツという加圧ベルトを内蔵したスポーツウェアーが販売されています。

上下で販売されていますが、足（下）だけでも十分効果があると思います。

具体的には、仕事から帰ってきた後や、休日に十分程度、加圧ウェアを着用して、ストレッチ等を行うだけです。加圧ベルトで適度に締め付けられることで、毛細血管の隅々まで血流が流れ、その後、成長ホルモンの分泌が促されます。ですから、疲労回復や筋力向上には最適なトレーニングですが、ベルトを締めすぎると血流がとまります（止血状態）。ですから、全国の加圧のライセンスを持ったお店で腕や脚の太さなどを測定して、加圧ベルトの位置を決めてから購入します。

忙しい人には、有用なトレーニングだと思います。時間がかかりませんし、効果がすぐでますから。

さて、この本の初版発行以来十年間で加圧トレーニングは芸能人が取り上げるようになり、また、ＴＦＴも東日本、熊本等の震災支援や森川先生が国連世界人道促進機構等の役員になる等、認知度が高まりました。こうしたセラピーやトレーニングは、長所も短所もありますので、ご自身でよく調べて利用してください。

内科、整形外科、接骨院の3つが大事

病気は、ストレスか、体の歪みやコリが原因のことが多いものです。忙しい人ほど、大病院に行きます。しかし、精密検査では、体の歪みやコリがわかりません。これは接骨院の仕事です。体の不調は、内科、整形外科、接骨院で調べることが重要です。

特に腰、首のコリが体調不調の原因のことが多いのです。体のコリについての重要性を本書では強調したいと思います。**胸鎖乳突筋**（きょうさにゅうとつきん）という鎖骨から首の筋肉のコリに注意しましょう。ＰＣで仕事している人は、頭を支える時に使う筋肉なので、デスクワークで体調不良になった場合、首のコリが原因のことも多いのです。首の筋肉が凝るとリラックスする時の副交感神経を圧迫するので、便秘等の原因になります。しかし、首の後ろは、筋肉が複雑なので自分でマッサージしたらダメです。おかしな部分をマッサージすると筋肉が逆に堅くなるのです。首は大事なので守る働きがあるのです。

簡単なマッサージ法を紹介すると、**「真横を向き、鎖骨のくぼみを優しくマッサージします。触って痛みがあれば、首の筋肉が凝っています。鎖骨のくぼみから、耳の後ろにかけて、ゆっくりマッサージしていきます。」**

一つの健康法に固執しないことが重要です。ストレス・ケアで、ＴＦＴでもできないことはたくさんあります。あらゆる健康法に長所、短所があるのです。

同じように人にも長所と短所があります。**「短所をみない努力する。」**ことが大切です。短所に意識を向けると、「短所がドンドン出てくる」のです。職場の人間関係、上司でも部下でも、短所に意識を向けないように努力し、**無理やり長所を見ると長所が出てくる**のです。

「無理しすぎないことが大事」

過度な努力は続かないのです。

第3章 総合力を身につける勉強法

1 公務員は総合力で差をつける

ここでは、公務員としての総合力について書きます。「あれっ？ 法令の解説はいつするの？」と疑問に思われる方がおられるかもしれませんが「総合力」が大事です。前章では、理念やメンタル・ケアの話をしました。

情報処理能力、書く力、読む力

まず、調べてみてください。

TFT（思考場）療法であれば、日本TFT協会（http://www.jatft.org/）のHPを見てみてください。インターネットで調べます。一昔前は、情報格差が大きな時代でした。しかし、今は、インターネットであらかたの情報が収集できる時代です。ですから、逆に**情報処理能力**と文章を**書く力、読む力**が大事なのです。この、**自分で調べてみるということが、非常に大事**なことです。

歴史は知恵の宝庫

ここから、なぜ私が公務員になったのかという理念をベースにして、実務の話に入ります。**『孫子・呉子』**の兵法という本があります。武田信玄の風林火山です。私は**『新書漢文大系・孫子・呉子』**（明治書院　新書判）を使っています。また、防衛省の制服組（統幕）が書いた**『戦争学』**（松村劭　文春新書）も「戦略」の基本を抑えています。**『政治の教室』**（橋爪大三郎　PHP新書）は、必読とまではいいませんが、読む価値はあります。特に**『戦争学』**は過去の戦争史ですから、政策立案や生き方に大きな示唆を与えてくれる本です。

政策立案においては、行動科学的な要素も大事だと思うのですが、戦略論と歴史も大事だと思うのです。「孫子」の兵法や歴史は大事です。「歴史はリーダーに必要」とサッチャー元首相も言っています。

「歴史は繰り返されるので、政策において歴史研究は大切である」と。たとえば、マルクスの**『資本論』**はイギリスの経済史の研究ですし、マキャベリの**『君主論』**もローマ史の研究です。

戦国武将の真田幸村は戦闘では徳川家康に勝っています。長野の上田城で家康は真田親子にやられていますし、二代将軍の秀忠も上田城で真田軍の攻撃に会い、関ケ原の合戦の援軍に間に合いませんでした。大坂の陣においても家康に奇襲をかけて敗走させています。戦闘においては、真田幸村のほうが家康に勝っているわけです。しかし、戦争という局面では、常に家康が勝っています。大坂の陣でも、最終的には幸村を孤立させ、また、大坂城の内堀、外堀を言いくるめて埋めて豊臣氏を滅ぼします。戦闘は局地的なものですが、戦争は外交も含めた大きな戦いです。そういう意味で、戦闘に勝っても戦争に負けたら負けになります。こういうことも過去の歴史から学ぶわけです。

人間は、必ず、歴史上の同じような失敗を繰り返します。成功のヒント、政策のヒントは過去の歴史にあります。**司馬遼太郎**の歴史小説もためになるでしょうし、歴史漫画も学ぶところが大きいと思っています。人間学ぶ気になれば「ベルサイユのばら」からでも大きな学びを得ることができます。

まずはこんな本を読もう

大切なことは**常に学ぼう。あらゆるものから学ぼう**という気持ちです。

歴史漫画はどこにあるのでしょうか。一つは書店の児童書コーナーです。もう一つは、大学受験コーナーです。学研の「日本史」や「文化史」等の漫画があります。活字好きな方は、山川書店の高校用「日本史」「世界史」の教科書を読み返してみてください。私は経済史や政治史が好きで、関係する本をよく読みます。

未知の分野の政策を学ぶとき、役に立つのは「資格試験」シリーズと「放送大学」の教科書です。たとえば、「西洋政治思想史」という放送大学の教科書には、プラトンからの政治思想史が記載されています。

放送大学は年間数十万程度で大学や大学院の卒業資格が通信教育で取得できます。

ところで、政治学を学ぼうと思ったら、何が一番簡単でしょうか？

公務員試験の参考書が一番の教材です。公務員試験の教材に、無駄なことは書きません。問題が途中にある本ではなく、一番、薄い参考書です。おおまかに政治学を学ぼうと思ったら、数週間で学べます。

まず、**『公務員試験・直前対策ブック（上級職用）』**（実務教育出版）を購入します。毎年、発売されている受験ジャーナルの「特別企画号」です。「白書」の抜粋や最重要時事データが載っています。「直前対策ブック」は毎年、買うものなのです。

この「直前対策ブック」には、専門試験対策として「政治学」「行政学」「経済学」「憲法」すべて載っています。ですから、まず、「直前対策ブック」から勉強を始めます。政治学に関しては、五ページ程度です。要点だけが書いてあります。

政治学に関する（憲法や経済も同じ）もっとも薄い本は、「直前対策ブック」です。ラズウエルやメリアム、ウエーバー等の単語がなんとなく頭に入ったら、次は**『はじめて学ぶ政治学』**（実務教育出版）や**『基本テキスト・政治学』**（LEC）を読みます。

ほとんどの一般教養レベルの専門知識がこの方法で身につきます。特に、時代とともに「政治学」や「行政学」、また、「憲法」や「行政法」も変わっていきます。ですから、毎年、実務教育出版の「直前対策ブック」を読むことで専門知識を腐らせずに、活用することができます。同じように、未知の分野の担当になった場合は、その部署が所管している試験の教科書が最良の教科書です。介護部門であれば**『まるごと覚える介護福祉士』**（新星出版）などで仕事のスペシャリストになります。

新星出版の「まるごと覚えるシリーズ」は試験対策には不向きですが、薄い本として概略を覚えるのには最適です。そして、もしも福祉分野の仕事の興味がわいたら、資格要件を満たす資格であれば将来のキャリア・アップのためにとっておきます。

総合力とは整理された使える知識

勉強の基本姿勢は、キャリア・アップと総合力です。では「総合力」とは、何でしょうか。一言で言うと、**整理された使える知識**です。

まず、必ず知らなければいけない知識は、自分の専門分野の動向です。これは、ネット上の電子政府から、各省庁の白書を読んだり、販売されている白書を購入して読みます。各省庁の白書のページに簡易版の「概略」が載っています。最初に、「白書の概略」を読み、余裕があれば、「白書」そのものも読みます。白書ごとに、要約版が「白書のあらまし」と呼ばれているもの、白書の概略と呼ばれているもの、図でみる白書や子供白書を発行しているケースもあるので、官公庁の白書のページを調べてください。また、電子政府総合窓口から、各省庁の「キッズページ」にリンクしており、各省庁で温度差がありますが、子供向けに役所や政策の解説をしているので読んでみると新しい発見があるかもしれません。この本の初版が出た時は、電子政府を作っている最中でした。現在は、ほとんどの情報をネットで収集することができます。例えば、国の政策は、「首相官邸」のＨＰを閲覧します。

国の予算が知りたければ、財務省のＨＰに載っています。各省庁ごとの予算は、各省庁のＨＰに載っています。紙ベースの情報とネット情報をどのように使い分けるか？が重要です。「日本国勢図会」や「図説・日本の財政」のような予算等をまとめた本で、「大まかに国の予算を知っておく」ことも重要ですが、ネット検索で「財務省　予算」で検索すると財務省のＨＰに政府予算案が掲載されています。ですから、この本の初版以来、ＨＰのレイアウトが各省庁、何回も変わりましたから、細かい話は書きませんが、平成28年度の一般会計予算は96兆円、社会保障費は31兆円で全体の31％、地方交付税交付金等は15兆円で、15・8％ということがわかります。

ネット情報は匿名性がある分、責任の所在が不明確ですから、時事用語は「就活コーナー」や

「公務員試験・昇進コーナー」にある、「時事用語」の解説本を買って大まかに知っていればいいと思います。

また、公務員は勤続すれば行政書士になれますが、「法律」や時事用語のおさらいとして、国会議員政策担当秘書や行政書士試験を受けてみることも、スキルアップに役立つと思います。人間、目標がないと勉強できないものです。行政書士の参考書は、「司法試験」や国家公務員総合職試験の憲法、民法、行政法の参考書を使います。ロースクールができたため、行政書士試験の難易度が上がり、現職の地方公務員の方でも落ちるので、司法試験の参考書を使った方がいいと思います。

政府刊行物として内閣府が**『時の動き』**を毎月発行していますが、インターネットで閲覧できます。政府の政策は、政府広報（http://www.gov-online.go.jp/index.html）というＨＰに載っています。

おおまかに世間の動きを把握するのであれば**『現代用語の基礎知識』**（自由国民社）等の用語集を一冊置いておきます。これは、辞典代わりに必要な用語だけ調べます。

時事に精通するのであれば、「直前対策ブック」で十分と思いますが、物足りない方は**『朝日キーワード』**（朝日新聞社）等を毎年、買って通読してください。時事情報はそれで十分です。

2　法令知識は公務員のＡＢＣ

法令マスターのポイント

法律や条例は、スキルアップの根幹の一つです。もう一つは、予算です。**法令と予算が総合力**であり、もうひとつが担当部局の専門知識となります。拙著『**新版　絶対わかる法令・条例実務入門**』と重なりますので、ポイントだけ書きます。

法令は、憲法、条約、政令、省令、条例等の総称です。では、なぜ、法令が必要なのでしょうか。答えは**「共通のルール」が法令**だからです。

旧約聖書では「汝、殺すなかれ、偽証するなかれ〜」で有名なモーゼの十戒が登場します。十個しかないグランドルールに「殺すな」とわざわざ書いてあるということは、当時殺し合っていたのでしょう。日本では、聖徳太子の十七条の憲法が有名です。「和をもって尊し」と、十七条の憲法では、和の大切さや皆で話し合うことの大切さが説かれています。わざわざ十七条しかない憲法の一条目に「仲良くしましょう」と書いてあるということは、蘇我氏と物部氏の権力闘争のように豪族間の仲がよくなかったということでしょう。

ここでの結論は、**無駄な法令はない**ということです。正確には、制定された当時には、絶対に必要であったから法令になったということです。ただ、時代が変われば法令の必要性も変わってきます。

法令は時代背景に応じて作られたものですから、時代が変われば不要な法令や迷惑な法令もでてきます。ですから、法令は、変化していく生き物です。**時代背景と制定事情を無視して法令を語ることはできません。**

なぜ、その法令が制定されたのか、これは「法制史」です。たとえば、日本国憲法の別名は平和憲法です。改正されるかもしれませんが、制定時は「国際協調や平和主義」にこだわりました（詳しくは『**憲法**』（芦部信喜　岩波書店）をお読みください。芦部先生の死後、弟子が改訂を続けているので、最新版が出続けています。）。

日本国憲法の特徴は「個人の尊厳」を土台に、三大原則「基本的人権の尊重」「国民主権」「平和主義」があります。GHQ草案（アメリカ軍が作成した憲法の原案）を基に、帝国議会で様式上は明治憲法を改正する形で制定されました。第二次世界大戦の軍国主義化した日本、また、治安維持法や特別高等警察による個人の人権侵害が軍部の独走を止めることができなかったことに対する反省と、そういうことが二度と起こらないように事前対応、基本的人権を保障し、軍隊をなくし、戦争を禁止するという形で、平和な日本を作ろうとしました。これが日本国憲法の制定背景です。

法令のカンドコロ

(1) 法令の序列

憲法は、日本の最高法規。つまり、一番偉いということです。

憲法∨**法律**∨**政令**∨**省令**∨**訓令**・**告示**の順番になります。

訓令や**告示**は、上級官庁から下級官庁、通常は中央省庁から地方自治体などにお願いする法律や政令の運用の仕方の共通ルールです。省庁の担当課で作成し、官報に掲載する形と下級官庁にFAX、もしくは郵送、場合によってはメールすることで終わりです。ただし、正式なものは「官報」に載っています。

要綱というのもあります。これは、法律で「大臣が毎年定めるところにより」と書かれている補助金や給付金の額です。毎年、大臣が定め（正確には担当課が原案を作り、大臣印を押して）官報に載せます。

これらの類似品で**通知**というものがありますが、訓示や要綱と異なり基本的には中央省庁からの「**強いお願い**」です。これは、法令を担当する中央省庁の局長や課長名で出された、このように法令の制度を運用して下さいという「お願い」です。あくまで、お願いですから、法的な根拠はありません（正確には、法令の所管（担当）大臣には指導権があるため、厳密には法的根拠はあります）。「地方分権」で基本的には無くなりました。

⑵　後法優先の原則と特別法優先の原則

法律同士で違うこと（矛盾すること）が書いてある場合、これは後にできた法律に従ってください。**後法優先の原則**といいます。

もうひとつ、**特別法優先の原則**があります。民法は一般法ですが、民法の特例、商取引を法律に定めたものに商法があります。この場合、商取引に関しては、民法ではなく、商法が優先されます。これを「特別法優先の原則」といいます。

⑶　判例でスキルアップ

今回の執筆に先立ち「ぎょうせい」から「（前著で）判例が大事と書かれていますが、どうやって判例を調べたらいいかのノウハウを書いてください」というお話がありました。判例は、インターネットの最高裁判所判例検索から探してください。

（http://www.courts.go.jp/app/hanrei_jp/search1）

判例は、インターネットで「最高裁判所」と入力して最高裁判所に行き、そこから判例集を探してください。電子政府化で法律、判例、国会議事録のデータベース化が進んでいます。ですから、検索用語は**「電子政府」**です。電子政府から各省庁やデータベースにリンクしています。

ただし、受験指導の際に英単語を覚えることの重要さも知りました。私の受験指導は、高校二年生にいきなり難関大学の入試問題を解かせ、時間をかけて文法や単語を細かく解説していく「過去問実践主義」です。この方法は、教える人がいなくても辞書片手に独学でできます。特に、所得の二極格差を想定して書いた本（『この通りにすれば受験にうかる』）ですから、塾や予備校にいけない子が飛躍的に伸びる方法を徹底研究した本です。判例も同じことがいえます。

まったく、判例を知らない場合、自分が法令を扱っていて、必要になったら判例を読みます。このときに必要なものは、**判例六法**と言われるものです。私は、三省堂の『**判例六法**』を使っていますが、値段も内容も似たり寄ったりですから、書店で中身を見て個人的に気に入ったものを使ってください。

判例の最低限の知識としては、憲法だけ読んでいれば十分だと私は思います。判例の入門書は、公務員試験の入門書です。勉強のグランドルールは**薄い本から入る。無駄なことを覚えない**ということです。

公務員試験用の判例集は無駄なことが書いてありません。個人的には、公務員試験の老舗、実務教育出版です。『**はじめて学ぶ憲法判例**』『**はじめて学ぶ行政法判例**』『**はじめて学ぶ民法判例**』で十分です。ざっと、憲法の判例だけ目を通していただいて、後は毎年出版される『**判例六法**』

一冊で十分です。それ以上、やる必要はないと思います。

(4) 行政法で差をつける

実は、行政法という名前の法律は存在しません。行政法を一言で表現すると「行政に関する一般的な法律」です。具体的には、**行政手続法、国家賠償法、行政不服審査法、地方自治法**なども行政法に分類されます。

行政法は、基本的には短い法律が多いため、まず法律そのものを読んでください。法律は、電子政府の法令検索で探すことができます。法令検索は「環境」等の用語から検索する方法と「行政手続法」などのように法令名から検索する方法の二種類があります。

地方自治法は、後の章で昇進試験対策、スキルアップ対策として記述します。

これも『**はじめて学ぶプロゼミ行政法**』（実務教育出版）等で基礎をおさえてください。繰り返しますが、初歩的な勉強は公務員試験の参考書が一番確実です。その次が、昇進試験の対策本です。

実学は、アカデミカルなことを排除します。『**図解でよくわかる・行政法のしくみ**』『**完全整理・図表でわかる行政法**』（地方公務員昇進試験問題研究会）、『**行政法の要点**』を読みます（いずれも学陽書房）。すべて昇進試験だけのために書かれた本なので無駄なことがまったく書かれていいません。アカデミカルな参考書は、国家公務員総合職試験の出題者が官報に四月ごろ発表されます。その方の本をお読みください。その時代の学会の定説です。正しいかどうかは別ですが。

3　予算の読み方

予算書を読み取る

法令と並び、公務員にとって大切なのが予算です。予算は、政府（自治体）の収入と支出であり、歳入（収入）、歳出（支出）と呼ばれています。

国の予算は**『図説　日本の財政』**（東洋経済新報社）や財務省のＨＰに載っています。自治体の予算もほぼＨＰに載っています。ですから、自分の勤めている役所の予算がどれくらいなのか、そして何に使われているのかで自治体の傾向やこれから重視される政策の予測ができます。

予算というのは、国でも地方公共団体でも、前年度に作成します。前著に予算の作成手順を書きましたが、おおまかな流れとしては、前年度の夏に各省庁が予算案をまとめ（自治体は同時期に陳情を行う）、財務省と各省庁の調整後、十二月に財務省原案の閣議提出、財務大臣と各担当大臣の直接交渉後、閣議決定、一月～三月に国会（衆議院→参議院）で成立します。

予算は財政法に基づいて作成されています（根拠は憲法の予算の部分です）。

さて、今回は、予算をどうやって知るか、予算の理論的な勉強（スキルアップは後章記述）ですが、具体的に予算を作ることになったらどうするか、また、将来、必ず予算を扱う管理職になりますから、予算を現場で知るというのはどういうことなのかを体験に基づいて書きます。

結論は、**予算書を読む**ことです。たとえば、ある市の予算書を例に説明します。国の予算は、通称「電話帳」と呼ばれています（おそらく誰も全部は読んでいない）。

余談です。元大蔵大臣の名言があります。野党の「あなたは全部の予算書を読んでいるのか？」という質問に対し「そんな無駄なことはしない」と。

実際、私がいま手にしているある県庁所在市の予算書は「白表紙」で五百ページ強あります。こんなもの誰もたぶん、読んでいません。

最初に一般会計歳入歳出予算事項明細書とあります。これは、入ってくるお金です。**市税**が六百五十一億円です。通常、千円単位で書いています。私は億単位で書きます。地方譲与税十億円、利子割交付金は九千六百万円なので無視します。**少ない額の予算は見ません**、重要ではないからです。

地方消費税交付金七十四億円、**自動車取得税交付金**もありますが一億八千万円なので無視します。**地方交付税**九十三億円、**国庫支出金**二百四十一億円、**県支出金**九十一億円、**諸収入**百十七億円です。合計すると千六百億円です。次に、歳入の前年度比較を見ます。国庫支出金は「△52242」と書いてあります。単位は千円ですから五千万円です。△はマイナスということです。つまり、国庫支出金は五千万円の減収です。同様にすべての項目をチェックしていきます。

そうすると、最後の歳入合計に「3170000」と書いてあります。単位は千円ですからプラス三十一億円です。前年度千五百六十八億円の歳入が、今年度は千六百億円になりました。なぜ、三十一億プラスになったのか?もう一度、全体を見ます。おおむね収入は黒字ですが、**市債**（市の借金）が十億増えていることがわかります。市債というのは国債と同じで市が債券を発行して歳入を補うことです。これが十億増えたということは、自治体の借金を増やしているということがわかります。

次に、出て行くお金。歳出を見ます。最初に、歳出合計を見ます。「16003000」と書いてあるので「1600億」と鉛筆で書きます。予算書は数が限られているので、コピーをとってください。自治体のＨＰや財務省のＨＰからもダウンロードできます。十三項目あり、最初は**議会費**が八億三千万円、**総務費**が百二十七億円、**民生費**が五百三十九億円、**衛生費**が百四億円、**農林水産費**が十二億円、**商工費**が百十三億円、ここで、農産業はさほど盛んではないことがわかります。**土木費**百三十四億円、**消防費**七十一億円、**教育費**百七十九億円、**公債費**百五十億円、諸支出百五十五億円です。

このあと、一般財源の明細に移ります。参考にした予算書は五百ページあるので全部は読みません。自分の関連がある部分を中心に読みます。ただ、歳入は大まかに知っておいたほうがいいと思います。大まかに見ます。そうすると、**市税**が六百五十一億円ですから、市税の内訳を見ます。市税六百五十一億円のうち二百九十億円が**市民税**です。個人からは二百三十五億円、法人からは五十四億円の納税があることがわかります。

次の項目は**固定資産税**があります。固定資産税は二百五十六億円です。次に、**軽自動車税**が七億円ありますが、額が少ないのでとりあえず無視します。**市たばこ税**は二十七億円です。

ここで、**大切なことは額が大きいものを調べる**ことです。予算書を見ながら、参考書『**一番やさしい自治体財政の本**』（小阪紀一郎　学陽書房）を見ます。最後のページの索引で「固定資産税」を引くと27ページと97ページに説明が書いてあります。

法令でも予算でも自分の行政組織の実物を見ながら覚えて下さい。

東京都であれば、http://www.metro.tokyo.jp/INET/KEIKAKU/2016/01/70q1f100.htm、に28年度の予算が載っています。もちろん、アドレスをコピーする必要はなく、ネットで「東京都　予算」で検索すれば最初に表示されます。熊本市であれば、「熊本市　予算」で検索すれば、予算を見ることができます。紙ベースにした方が覚えやすければ、予算を印刷して覚えます。

国は、財務省のＨＰに「予算」とどう使われたか？の決算が掲載されています。

国の財政を読む

財政用語を大まかに解説します。『**地方財政白書**』を見ると、平成二十六年度は地方自治体の収入の約三分の一だけが地方税であることがわかります。地方自治体の収入の三分の一は、**地方交付税**、**国庫支出金**等の国からの補助金で、残りは地方債等で負担しています。地方交付税は、地域格差をなくすために国から人口などに応じ分配されるお金です。地方自治体の支出は、公共事業などを行う**土木費**、義務教育などの**教育費**、社会福祉等にあてられる**民生費**が大半を占めています。これは、先ほど利用した自治体の歳出でも、民生費五百三十九億円、土木費百三十四億円、教育費百七十九億円となっています。

また、項目別の支出では**人件費**が一位です。『地方財政白書』の平成二十六年度版では、**人件費**が二二・九%、**公債費**が一三・五%、**扶助費**が一三・一%となっています。

公債費は、市債等の借金の返済や利子、扶助費は生活保護等の社会的セーフティネットの必要費です。政府が三位一体の改革で、生活保護費等を地方に押し付けようとしているのも絶対額が大きいからです。この人件費、公債費、扶助費は、義務的経費といわれています。この自動的に出て行く支出が四九・五%あります。

ですから「硬直化した財政」とよくいわれるのは「自由に使えるお金」が少ないからです。

さて、国の収入は「受験ジャーナル」の「直前対策号」（実務教育出版）に載っているように、**所得税**、**法人税**、**消費税**でなりたっています。税金は、所得税や法人税等の直接税と、消費税等の間接税でなりたっていますが、日本は六割が直接税でなりたっています。その中心が所得税と法人税です。ちなみに、財務省のＨＰの国庫歳入・歳出や『**図説　日本の財政**』（東洋経済新報社）にどこの省がいくら使ったか書いてあります。ちなみに二十八年度の皇室費は六十一億円です。そういうことも書いてあります。

地方税は、**地方住民税**、**地方法人税**、**地方消費税**、**地方固定資産税**が中心になっています。固定資産税は、土地や家にかける税金です。

法定外普通税と**法定目的税**は、従来、地方自治体が独自の財源を確保するためには「総務大臣」の許可が必要でしたが、現在は、原則、自由に課税できます。

○地方税法

第七百三十三条（総務大臣の同意）　総務大臣は、第七百三十一条第二項の規定による協議の申出を受けた場合には、当該協議の申出に係る法定外目的税について次に掲げる事由のいずれかがあると認める場合を除き、これに同意しなければならない。

一　国税又は他の地方税と課税標準を同じくし、かつ、住民の負担が著しく過重となること。
二　地方団体間における物の流通に重大な障害を与えること。
三　前二号に掲げるものを除くほか、国の経済施策に照らして適当でないこと。

最終的には法令の専門知識がないとダメです。

ちなみにこの条文は、電子政府の法令検索から引用したものです。インターネット等の検索HPで「電子政府」と入力して、電子政府に行きます。現在は、「法令用語」検索と「法令名の用語検索」の二種類の方法があります。

「法令名の用語検索」は、「地方税法」のように名前がわかっている場合に利用します。

今回は、「法令用語検索」で、「法定外目的税」と入力しました。

すべての法令で検索に十件が引っかかりました。総務省組織規則や税理士法がありますが、今回は地方税法から検索したかったので、地方税法をクリックします。

どの法律かわからない場合、どうしたらいいのでしょうか。とりあえず、全部、読んでみます。

今回は十件でしたが、一千件を超えるものもあります。したがって、最終的には、**絞り込むために業務に関する法令の専門知識が必要**になってきます。

さて、法定外目的税と法定外普通税の条文改正で、地方自治体がアイディアしだいで独自の財源を確保することが可能になりました。ただし、「三　前二号に掲げるものを除くほか、国の経済施策に照らして適当でないこと。」で、総務大臣に裁量権があるので、慎重に検討する必要があります。

財政の大まかな知識は、国は経験で覚えてください。**『財政会計実務提要』**（ぎょうせい）があります。各自治体の担当課にあるはずです（なければ困るはず……）。**『図説　日本の財政』**（東洋経済新報社）と**『演習・財政学』**（井堀利宏　新世社）で学びます。

地方財政の入門書は、旧自治官僚が書いた**『一番やさしい自治体財政の本』**（小阪紀一郎　学陽書房）で大まかな流れをつかみ、要点シリーズの**『地方財務の要点』**（学陽書房）を読み、昇進に備え、**『基礎からわかる自治体の財政分析』**（出井信夫　学陽書房）で理論武装をします。

地方財政法は**『新版　地方財政法逐条解説』『地方財務ハンドブック』**（いずれもぎょうせい）等を辞書代わりに使って予算を覚えてください。

4 経済学でさらに政策スキルを高める！

予算と経済は不可分

経済学そのものは、行政にとって必要な知識かどうか疑問です。ただし、予算もすべて経済学的な裏づけがあって本来、作られているものであるということを考えると最低限度の経済学の知識が必要です。経済の本は、私が大学時代に出した公務員試験の解法集『**魔法の経済学**』（翔雲社）やその教科書版『**スキルアップ経済学超入門**』（翔雲社）があります。一〇〇％趣味で出した本です。上級職準拠の本ではありますが、イラストも友人で、絵本調の会話形式で経済の話が進んでいくという本です。

もっとも薄く、かつ、実践的な経済学の入門書は『**Q＆A1分経済学**』（西村和雄　日本経済新聞社）ですが、もしこの本が難しく感じたら拙著『**スキルアップ経済学超入門**』をお読みください。『**経済学思考が身につく100の法則**』（西村和雄　ダイヤモンド社）も比較的コンパクトに経済学的思考が身につく本です。

漫画の経済入門は、簡単すぎるため京都大学の西村和雄教授の本か私の本で勉強されたほうがいいと思います。経済学的政策に関しては、数々の武勇伝がある実践経済学者の伊東光晴先生の本が、経済学的政策を身につける早道です。

『君たちの生きる社会』（伊東　光晴　ちくま文庫）は、中高生向けの本ですが、伊東経済学の根幹を知るには最適の本です。**『伊東光晴経済学を問う⑴〜⑶』**（岩波書店）と**『「経済政策」はこれでよいか─現代経済と金融危機』**（岩波書店）を読めば経済学的に政策を行うことの意味がおわかりいただけると思います。

閑話休題。**武勇伝一**　先生の現役時代。身分を隠し、当時の経済企画庁長官と一緒に横浜のマンションの売り出しを見に行く。「横浜駅から徒歩10分」と書いてある。実際には徒歩10分であったのは案内所。現地のマンションはそこから車で一時間だった。その後、女性のハイヒールで一分間に歩ける距離を「徒歩一分」とする法令を決め、「駅から五分」と書く場合には、その距離でなければ違法になるようにした。

伊東光晴氏の公共政策入門は**『日本経済と産業と企業・放送大学教材』『産業論─サービス産業と公共政策・放送大学教材』**（いずれも放送大学教育振興会）。

経済学の勉強の仕方は、解法を覚えるのであれば**『入門経済学ゼミナール』**（西村和雄　実務教育出版）や拙著**『魔法の経済学』**（翔雲社）を読みます。

普通に経済学を学ぶのであれば**『演習ミクロ経済学』**（武隈慎一　新世社）の解説だけを読みます。次に**『ミクロ経済学』**（武隈慎一　新世社）か**『ミクロ経済学入門』**（西村和雄　岩波書店）を読みます。個人的には**『演習ミクロ経済学』**の後は、西村教授の本のほうがわかりやすいと思います。

マクロ経済学は**『入門マクロ経済学』**（中谷巌　日本評論社）をいきなり読みます。

ちなみに、西村本も中谷本も四百五十ページ以上あり、ぜんぜん入門ではありません。ですから、巻末に付録として「経済学入門」をつけました。

法律もそうですが、経済学も**簡単すぎる本は読んでも時間の無駄**になります。ですから、実学という点を考えると、西村教授や中谷元一橋大学教授の本に行き着きます。

財政学は**『演習・財政学』**（井堀利宏　新世社）を読んでください。

統計学は**『基本統計学』**（豊田利久編　東洋経済新報社）がスタンダードなテキストです。

計量経済学は**『例題で学ぶ初歩からの計量経済学』**（白砂提津耶　日本評論社）が日本一わかりやすく実務的なテキストです。

ノーベル経済学受賞者のアマルティア・センの本は**『貧困の克服』**（集英社新書）がもっともわかりやすいと思います。

公共政策の本としては**『人間回復の経済学』**（神野直彦　岩波新書）が参考になります。神野先生は東京大学の財政学の教授ですが、やや理想主義的なところが感じられます。**『日本の経済格差』**（橘木俊詔　岩波新書）もベストセラーになりましたから、こういう見方もあるということで読んでおくと参考になります。

社会保障に関する本は『**貧困問題とソーシャルワーク**』（岩田正美他編　有斐閣）、『**日本社会保障の歴史**』（横田和彦・田多英範編著　学文社）が参考になります。

景気循環の基礎

今までは経済官僚でもない限り、あまり景気循環というものを重視されてこなかったのではないかと思います。

けれども、民間は景気に左右されて、失業率が変化します。当然、景気が悪くなれば生活保護や教育扶助のような社会福祉の支出も増加します。一方、税収は減ります。いままでは、国債発行で逃げ切ってきましたが、国債依存からの脱却を政府が目指している現状で、不景気のときに国債で景気の底上げをすることは難しくなってきました。

ですから、景気に国民生活や政策が左右されるということを知っていただきたいと思います。もうひとつは、地方分権後は独自財源ですから、景気循環（景気の良し悪し）に地方財政が左右されるということです。そういう意味で、景気循環の簡単な解説をしたいと思います。

景気循環のことを書いてあるものから引用します（『**教養の経済学入門**』）。

景気循環は、一定の周期で景気が良くなったり不景気になったりすることをいいます。景気循環は、イギリスの産業革命後に観察されるようになりました。景気循環の周期は、好況、山（景気が一番好いところ）、景気の後退、不況、谷（景気が一番悪いところ）、景気の回復です。よく試験に出る景気循環は次の四つです。覚えましょう！

キチンの波　3・3年周期（四十か月）で起こる景気循環です。企業の在庫が、3・3年周期で増減するために起こります。

ジュグラーの波　十年周期で起こる景気循環です。別名「主循環」。企業の設備投資が十年周期であることが原因です。

クズネッツの波　二十年周期で起こる景気循環です。建築物の耐久年数が二十年であることから、建築物の建替え時に建築需要が生まれて好景気が起こります。

コンドラチェフの波　五十年周期で起こる景気循環です。経済学者のシュンペーターは、この景気循環の原因を技術革新（イノベーション）であるといいました。

5　500円でできるPC徹底活用

PCは道具。気軽に学ぼう

PCを使いこなす能力は、仕事の本質ではありませんが、軽んじてはいけません。「表現」のための道具ですから、使いこなせないということは、即、表現下手ということにつながります。難しい本を読む必要はありません。書店のＰＣコーナー等で売られている「５００円でわかるワード」や「５００円で上達するエクセル」といったタイトルの安くて薄い本を使って、実際に使いながら覚えます。つまり、ＰＣに限りません。**気軽に学ぶ**というのが大切なことです。部内やサークルのチラシ等、業務以外の趣味の分野でスキルを磨くのがいいと思います。ただし、パワーポイント病にかからないことです。公務員が仕事で、ＰＣの作業が必要になるとすれば、庁内独自の業者に作らせた給与システム等のソフトやマイナンバー関係のソフトのはずです。これは、独自のものなので職場のマニュアルで覚えてください。

ワードもパワーポイントも上達してくると、技巧を凝らし始め、そして、資料の中身より外見が豪華になってきます。上達の証ですが、所詮、**ワードもパワーポイントもエクセル等も仕事のツール（道具）です。**

余談。人事院禁止令。

「公務員研修の最後のグループによる政策発表はＢＧＭの使用を禁止する」

私が公務員研修を受けた時のことです。私のグループは「労働政策」でしたが「世界恐慌」の写真を貼って、文字も動いたりして、『いま、日本が危ない！』とやりました。楽しいですね、大型スクリーンに映し出されて。

上達する前は、面白くもなんともありませんが、パワーポイントはプレゼンテーションの道具で、興味を持ってもらおうという意図で作りますから、だんだんはまってしまう恐れがあります。したがって、**パワーポイントにはまることなかれ！** というのが教訓となります。

資料は中身がすべてです。ワードもパワーポイントも道具ですから。「500円シリーズ」で十分です。

スキルアップのコツは「楽しみながら」

ところで、ウイニーのようなファイル交換ソフトの情報流出事件が起こりました。**業務用PCはネットにつながないこと**です。業務以外のHP、検索ページが見られない自治体もあります。それは、やりすぎのような気もしますが、ウイルス対策はイタチゴッコです。ウイルス駆除対策ソフトと平行して、なぜか新しいウイルスが出てきています。ですから、**自宅で仕事をするときは、ネットに絶対につながないPCでやることです。**つなぐなら別のPCを用意してください。

PCの統計分析は、例えば、『EXCELで学ぶ統計解析』（ナツメ社）のように、必要なことしか書いていない本が、わかりやすいと思います。それ以上のレベルは、専門職の領域ですから、それぞれにふさわしい統計解析ソフトの解説書をお読みください。

また、**計量経済学**に関しては、白砂提津耶先生の『［例題で学ぶ］初歩からの計量経済学』（日本評論社）をテキストとして習得してください。全国の大学でも入門書として使われています。HPはワードで作成できます。予算削減等で各担当部局にHPの作成を任せる例も増えてきました。『500円でわかるホームページ作成』の類の本を読んで作成します。（今は、個人情報流出やハッキングされる問題やHP作成料金が安くなったので、素人に役所のHPを作らせないと思いますが…）。基本的にワードが使えればHPは作成できます。**仕事の技能は、趣味に活用する。**仕事で、覚えたHP作成の技能やワードのチラシ作りは、趣味やサークルで活用して下さい。

スキルアップのコツは、楽しみながら自分の生活にも役立つことです。資格も長期的な昇進や収入増につながるものや、自分の趣味に活かせるものをとってくださいとお願いするのです。**仕事人間だけれども、仕事のスキルがすべてプライベートでも活用できるようにすることが大事です。**ただし「上手《うま》い手抜き」の方法も覚えて下さい。仕事とプライベートのバランスがとれるように、仕事は優先順位をつけ、効率的に行い、無駄な飲み会はうまく避け、家庭と自分の生活を大事にしてください。

マイナンバーと個人情報流出

マイナンバー制度と官公庁の電子化で利便性が向上した反面、官公庁が個人情報を保護する責任が重くなりました。官公庁等の情報流出は、ハッキングよりもデータが入ったUSBを置き忘れる、自宅に仕事を持ち帰り自宅のＰＣがウイルス感染で流出するといったアナログな流出の方が多いのです。

役所の個人情報をどのように守ればよいのでしょうか？　「探偵の始め方」や「探偵マニュアル」といった本を読むことをお薦めします。空き巣に手口を聞いた方が、防犯の役に立つでしょう？個人情報を守る本を読むより、個人情報を不正取得する手口が書いてある「ハッキング・マニュアル」や探偵マニュアルを読んだ方が勉強になると思います。

メールと手紙　締めは万年筆で！

メールや手紙の書き方ですが「１００円ショップ」で売っている「手紙の書き方」や「上手いメールの書き方」を読めば十分です。文章には、基本的なルールがあります。ですから、書店の手紙コーナーやＰＣのメール・コーナーで、気に入った本を買い文章と出し方、宛名の書き方やあいさつ文のルールは押さえます。メールに関しては、**『５００円でわかるメール』**のようなタイトルの本を読めば十分です。ただし、通常の手紙ならワードにあいさつ文の挿入が入っていますから、定型文はワードで十分です。

そして、小道具も大事です。**小道具は万年筆です。**私はワード等で手紙を書くことがあります。手紙といっても、この本のように、長々とアドバイスが入っているのでワードのほうが早いからです。ですから、そういう場合は、**万年筆で最後に署名します。**仕事の道具として、相手を大切にしていますという意味で、万年筆は必要です。

特に、年配の方にはボールペンで書いたものと万年筆で書いたものではまったく印象が違います。メールやワードが一般的ですから、たまには万年筆で改まった手紙を書いてみてください。

そして、メールや手紙で大事なことは、最低限度のルールさえ知っていれば、中身が大事ということです。近年は、ＳＮＳが普及しましたから、（ＳＮＳではなく）メールで連絡しても丁寧といわれる時代になっています。

メールや手紙の中身というのは、人間性そのものが現れていると私は思っています。気分が向上するメールもあれば、意図せずして相手を不愉快な気分にさせるメールもあります。私は、国語が大事という この本の執筆箇所で「**人を生かす言葉も殺す言葉もある**」と書きました。

手紙やメールを書く極意は何でしょうか？　**手紙やメールを書く極意は相手を思いやり、かつ尊重（大事にする）する真心**です。こんなことは、ノウハウでも何でもないと思われるかもしれません。けれども、相手を大事にするからきちんとした文章を書こうと、手紙の書き方の本を読んで研究したり、メールの内容を吟味するのではないでしょうか？

不用意な言葉は、人を傷つけます。**人を生かす文章は、深い人間性から生まれます。ですから、よい本をたくさん読んでください**というのです。最近は、メールだけで知り合った人が結婚する時代です。文章だけで、男女が生涯を伴に生きることを決める時代です。そう考えたら、言葉は本当に大きな力を持っていると思えてなりません。

熱意が人を動かす

相手が喜ぶ手紙やメールを書く方法は、もらった相手が喜んでいる姿を強くイメージして書くことです。

これは、市民や国民の方、相手の広報サービスでも同じことが言えます。

単なる言葉の羅列なのか、伝えたいものがあって、何かを伝えるのか目的意識で文章も、文体も変わります。なぜなら伝えようと思う意識があれば、文章について研究し吟味するはずだからです。**広報は、住民（国民）に何を伝えたいのか、目的意識と熱意を持って伝えてください。**

では、熱意はどこから生まれるのでしょうか？　それは、自分の仕事に対する一〇〇%の自信から生まれます。自分の公務員としての、仕事に一〇〇%の自信があれば、熱意あふれる広報になるのです。一〇〇%の自信を持つために、根拠法やなぜ仕事をするのかというワークシートを記入してもらったのです。**人は技巧ではなく、熱意で動きます。否、熱意がないところに人は動きません。**

第4章 絶対うかる昇進&資格試験対策と英語の勉強

1 目標は紙に書く

本の最初に書いたとおりです。**目的が不明確な努力は苦痛**なのです。だから、まず、なぜ勉強するのか、昇進するのかはっきりさせましょう。私は、受験指導の本で「勉強をしない選択もある」と書いています。皆がやるから、勉強するというのは苦痛でしかないはずです。配偶者や上司に勧められて昇進試験を受けるのも苦痛なはずです。

ここで、大事なことは「**なぜ勉強する必要があるのか**」という本音の部分です。建前は後で考えればいいのです。誰もあなたの心はのぞけません。「健全な権力欲、名誉欲、金銭欲、老後の安泰」というのは、人間として当たり前の本能です。否定する必要はありません。「頭がいいとかっこいい。頭をよくして尊敬されたい！」。すばらしい理由です！　本音で、なぜ昇進するのか、専門知識が必要なのか。ここがわからないと始まりません。

（ワークシート）

あなたが勉強する目的はなんですか？

次に、その本音を数値化します。数値化というのは、「何年何月までに、課長昇進試験に合格する。」や「行政書士に合格する」ということです。

（ワークシート）

私は、　年　月　日までに、　　　　　に合格します（のスキルを身につけます）

2 逆算式、絶対落ちない勉強法

本は後ろから読むと前向きになれる！

私は、よく本を後ろから読みます。もちろん、小説はやりません。「犯人はお前だ」という、犯人がわかった推理小説なんか面白くありませんから。これは、多分に気分の問題だと思います。前から参考書を読んでいくと「あと何ページ」という大きな山を登っている気がします。私は、三冊ぐらいいっぺんに後ろから一章ずつ同時並行で読んでいきます。読み終わらずに投げ出したときに、否定的な感情が頭に残るのを防げるのです。「残りがあと何ページ」かわかりませんから。そして、錯覚に陥ります。最初に十章から読むと「すでに九章までは読んだような軽い錯覚に陥ります（陥らない人は前から読んで下さい）。**本は好きなところから読んだらいい**のです。

さて、逆算で勉強するというのは、昇進や資格試験日から逆算してあと何日勉強できるかを考えます。行政書士を例にとって説明してみましょう。

国会議員政策秘書資格でもビジネス法務検定でもかまいませんが、行政書士は、法律の基本知識を身につけ一般教養を身につけるのにはよい資格だと思っています。もし、まだ習得していなければ手始めに受けてください。この本を、読まれている皆さんなら一〇〇％合格します。

逆算式必勝勉強法

①目標の明確化

行政書士試験は例年十月に各都道府県でありますから、「十月に行政書士試験に合格！」と紙に書いて、寝室の見えるところに貼っておきます。

②目標は基本的に高いほうがいい

予備校の「東大・京大」コースが、一番早慶（早稲田大学、慶應義塾大学）に合格しています。逆に、「早慶」コースは早慶よりも偏差値が低い大学に多く合格します。学校歴は十八歳の時点での相対的な目安です。慶應義塾大学や中央大学の通信課程や放送大学大学院を利用して**学校歴は更新が可能です。**アメリカでは、ハーバード大学でさえネットで卒業が可能な時代になりました（ただし、卒業するのに六百～一千万円弱必要）。

昇進でも資格でも目標は高いほうがいい。目標を高くしたらハードルが高くなるだけですから。中央省庁は、とりあえず事務次官。県庁は、副知事。市町村は特別職を最終ゴールにしてください。強制はしませんが。その場合に、どのようなスキルが必要か、自分のキャリアとのギャップが明確になりますから何を学ぶべきかが見えてきます。

③短期目標と長期目標の違い

長期目標というのは「副知事にふさわしい能力を身につける」ということです。当然、マネジメント・スキルなども入ってきます。短期目標は「五十五歳で副知事になっているのであれば五十歳で部長、四十歳で課長」というように人生の節目、節目でチェックポイントがあります。

この本は、若手の公務員の方がお読みになっているかもしれません。けれども、まだ、無役の方が「目標：五十五歳、副知事」と書いてもその間の三十年間に何をするかです。ですから、高い志と目標は必要ですが、短期目標を節目、節目に入れておく必要があります。

④最低点合格法

実は、これが落ちない勉強法の秘訣です。試験は七十点以上で合格します。ただし、複数の科目があります。行政書士でも憲法や民法の科目から一般教養まであります。この場合、憲法で百点をとっても、民法が二十点なら平均点は六十点です。

「受かる勉強法」と「落ちない勉強法」というものが、この世には存在します。「受かる勉強法」というのは、一点でも点を取る勉強法です。「落ちない勉強法」というのは、一点でも点を落とさない失点を最小限度にとどめる勉強法です。

私は、「落ちない勉強法」のみをお伝えしています。受かる勉強法より、確実に「合格」するからです。つまり、各試験科目で七割以上とれる勉強方法をとります。

⑤計画は「時間」ではなく「量」

よく何時間勉強と手帳に書いたり、目標にする方がいますが、効率的に勉強していただくためには「量」を基準にしてください。つまり、毎日三時間勉強するという計画ではなく、地方自治法の参考書を二十ページ読むといった計画に変えます。

⑥無理をしない

何よりも**無理をしない**ことです。几帳面な方は計画が壊れるとモチベーションが下がり、自己嫌悪に陥り勉強が嫌になります。無理をしない勉強計画、具体的には仕事などで計画が狂っても、土日や休日で補えるように土日は空白にしておきます。

⑦合格点を知る

まず、受験情報誌などで、資格試験の合格ラインや昇進試験の合格ラインを知ってください。

⑧過去問題を知る

勉強は過去問題が九割です。受験者は必死ですが、出題者はルーティン業務です。試験問題を作成している仕事の方も、読者の中にはおられるかもしれませんが、ルーティンワークでしょう？　どうやって、問題を考えられますか？　前任者の過去問題を見て、だいたい同じような形式で作るでしょう？

これが実情だと思いますから、受験者は過去問題を研究してください。そして、予想問題より過去問題です。理由は、予想問題は、作者の主観が入っているからです。毎年の出題傾向を研究して、ヤマをかけてきます。当たることもありますが、外れることもあります。過去問題が大事です。

⑨過去問題を元に「合格ノート」を作る

あらゆるスキルアップの鍵は、自分だけの合格ノートを作ることにあります。たとえば、行政書士の場合、まず、一番薄い参考書で概略をおさえます。『**まる覚え行政書士**』（週刊住宅新聞社）が薄い参考書です。社労士であれば『**まる覚え社労士**』（週刊住宅新聞社）を、同様に宅地建物取引なら『**まる覚え宅建塾**』（週刊住宅新聞社）を読みます。

一～二週間で一度読み終わったら、次に『**うかるぞ行政書士5年間試験問題集**』（週刊住宅新聞社）を解きます。私は、答えを写せばいいと思っています。

最重要ポイントは「間違った解答がなぜ間違いなのか？」を自分のルーズリーフなどのノートにカラーペン等で書き込んでいきます。このとき、六法全書や『**うかるぞ行政書士**』（週刊住宅新聞社）を使います。『**うかるぞ行政書士**』は六百ページ、『**まる覚え行政書士**』は文字量では五分の一以下です。普通は、分厚い参考書の『**うかるぞ行政書士**』を最初に読んで、それから「過去問題」にいきますが、効率的ではありません。**分厚い本は読まない。**これが、効率的な勉強法のポイントです。では、分厚い参考書は何に使うのでしょうか。答えは、辞書代わりに使います。法律の知識がない方が『**まる覚え行政書士**』を読んで、行政書士の過去問題を解いてもまったく分からないはずです。

同じように、「弁理士」や「税理士」でも、過去問題を解きながら、参考書を使って丹念に理解していきます。そして、再度、薄い本で確認し、最後に分厚い参考書を確認のために読みます。これが、一番、頭に入る方法です。

昇進試験も、同じように、たとえば**『図表でわかる地方自治法』**（学陽書房）を読んだ後に、**『主任試験精選問題集・東京都職員ハンドブック対応』**（都政新報社）を解き、合格ノートに書き込みます。この場合の参考書は**『地方自治法の要点』**（学陽書房）や**『要説　地方自治法』**（ぎょうせい）となります。

⑩「合格ノート」を最大限活用する

自作の合格ノートは、試験の直前まで読み続ける本です。

合格ノートは、「解けなかった問題の解説」だけを書いてください。**試験前に読む、一夜漬け用のノートを作るのです。**わかっていること、解けた問題は「合格ノートに書く必要はありません」。合格ノートは、試験の合格ラインに数点差で落ちないように、試験一週間前～試験当日、試験が開始されるまで、「繰り返し読むことで、一夜漬けにより数点～十点」点数を上げる方法です。なぜ、合格ノートを使うか？というと、「試験の合否ライン」を数点下回って落ちる不合格者が一番多いからです。

過去問題を十年分、解けば、合否ラインの十点～二十点下には、誰でもきます。例えば、前述したやり方で、行政書士や昇進試験の勉強に一年間かかるとします。その場合、合否ラインの十点、二十点下に到達した受験者を、合否ラインを超えるまでに必要な勉強量は、どれくらい時間がかかると思いますか？　数週間でしょうか？　一ヶ月でしょうか？

経験上、「半年～一年、必要なのです。」

模試や過去問を解いて、合格ラインの十点下にいる人を合格させようと思うと、半年、一年、必要になるのです。

ほとんどの試験が、百点満点中五十点までの問題は、一年間、しっかり勉強すれば解けるように作ってあります。**しかし、五十点を六十点にあげるには、半年～一年かかり、六十点から合格ラインの七十点に成績をあげるのに、さらに、半年～一年の勉強が必要になります。**

百点満点の試験で五十点までは、真面目な人なら誰でも独学で到達します。スキルアップの本を読む皆さんは、間違いなく到達します。問題は、その後の六十点、七十点に到達するまでの時間が、一年、二年必要だということです。この二十点分を、五十点に到達するまでの勉強時間内にやる最短の方法が「合格ノート」に、解けなかった問題を書き、直前に一夜漬けで覚え、「試験後には忘れていてもいい」というやり方です。

この方法で、勉強時間を三分の一以下に短縮することができるのです。

また、**仕事でも、「数回、見て覚えられないことは、覚えずに、ノート等にメモしたり、マニュアルの書いてある場所を覚えること」が重要です。**この部分は、このスキルアップの本の一番大事な部分なので、「よく覚えておいてください。」

専門職の方が多く読者におられる。例えば、技官の方や医師が、医療現場で本を読んで手順を確認したり、弁護士が民法を確認していたら、「怖い」ですし、勉強不足です。

大事な話なので、しっかり理解してくださいね。公務員は、本省でも畜産技官が法律や予算、あるいは米の仕事をさせられることもあります。また、地方自治体であれば、さらに議会、福祉、予算と仕事の幅が広がります。**「自分の専門分野以外で、数年で部署異動する公務員のための勉強法です。」**ですから、労働基準監督官であれば、労働法を、警察官であれば警察官職務執行法のように、「丸暗記」していなければならないものは暗記してください。

仕事で、四十年間使う知識は、丸暗記しなければいけません。これは、試験に例えると、過去問題を勉強して、覚えている五十％の部分です。地方自治体の事務系職員であれば、憲法、地方自治法、行政法は覚えていなければいけない知識です。

3 キャリアは更新が可能

お金をかけない勉強

十八歳のときの大学の経歴で死ぬまで縛られたら、たまりません。世間で偏差値が高いといわれている人たちは、受験期においては努力したのでしょう。偏差値の高い大学の人は、決まった問題を決められた時間内に解く能力や、自分で決めた目標を達成する能力はあります（詳細は拙著**『この通りにすれば受験にうかる』**）。しかし、学校歴は生涯更新が可能です。少子高齢化で大学も社会人を顧客として認識してきています。

私の勉強のモットーはお金をかけないということです。私は前述の受験者向けの本は、元々、生活保護住宅や塾に行くお金がない人、引きこもりの子供を想定して書きました。国家公務員総合職等の独学対策本の**『魔法の経済学』**（翔雲社）も同じです。

私は、新宿区などの低所得者住宅にボランティアで通っていました。今でも、裕福ではない家庭で行政の補助を受けていた同級生の生涯忘れないようにしている一言があります。

「林君、行政は、弱い人には冷たいんだよ」

すべての私の活動の原点はここにあります。だから、勉強法も予備校に行かずに独学でできる方法ばかりなのです。

本さえあれば、勉強できるノウハウであること。これが、私の本の基本原則です。

学校歴を更新する方法

さて、学校歴の更新はどうしたら可能でしょうか。一つは、研修で大学などに派遣してもらうこと。もう一つは、自分で夜間や通信制の大学に通うことです。私のお勧めは、三つの大学です。

まず、通信の王様、慶應義塾大学通信教育過程（http://www.tsushin.keio.ac.jp/）です。四月入学と十月入学があります。学部は文学部、法学部、経済学部があります。学費も初年度十二万円、二年目以降年額八万円程度とリーズナブルです。私も三田会（義弟と妹が慶應義塾大学出身）に入りたいので、そのうち学士入学で入学しようと思っています。ちなみに、試験は希望する学部に関する本の感想文と、なぜ慶應義塾で学びたいのかという志望動機のみで審査されます。志望動機に必要な必読書は、福澤諭吉の『**福翁自伝**』と『**学問のすゝめ**』（岩波文庫）です。

もうひとつは、中央大学法学通信教育過程（http://www.tsukyo.chuo-u.ac.jp/）です。基本授業料は年額八万円です。

参考までに、早稲田大学人間科学部のHPから引用します。「二年次以降に、実験実習を伴う科目を履修する場合には、授業料のほかに必要な実験実習料を徴収いたします。

卒業に必要な単位は百二十四単位です。卒業までの年数で多少変動しますが、四年間で卒業する場合、学費の総額は約四百三十万円になります」

慶應義塾大学や中央大学は年額八万円（ただし、スクーリング費用が別途必要）で安いのです。

最後は、通信大学の老舗「放送大学」（http://www.u-air.ac.jp/）です。

放送大学の学費は一科目一万円です。放送大学は一科目から履修できる気軽さがありますが、キャリアにしようとする人はネームバリューの点で「？」がつくかもしれません。ただ、放送大学の画期的なところは、通信制の大学院で安いということです。

総合文化・文化情報、総合文化・環境システム、政策経営、教育開発、臨床心理があります。特に、「臨床心理」は、通信制大学院では「臨床心理士」の受験資格が可能な認定教育実施機関で非常に倍率が高くなっています。授業料は二年間で約四十万円です。個人的な好みがありますが、大学は慶應義塾大学に、大学院は放送大学大学院で学べば、学歴の更新は可能です。

海外の大学の通信課程は、日本と違い法律で大学を認可していません。設置するのは誰でもできますし、州の認可も簡単におります。アメリカでは、学位製造所と呼ばれる大学が数百大学あり、数十万円で「学位」が販売されています。ですから、ハーバード大学（卒業に一千万円）やスタンフォード大学等の通信制を利用するのであれば問題がありませんが、それ以外の聞いたこともないような大学のＭＢＡは詐欺の可能性があるため気をつけてください。何々大学日本校と称し、現地に大学がないことがあります。ワンルームのオフィスだけの場合もあります。

最後に、非常に大事なことを書きます。**参考書は少ないほうがいいです。何冊もやるより七十%完成度の参考書を徹底的に覚えてください。**必要以上に、参考書を増やしたら落ちます。過去問題集も一冊、多くて一科目三冊までです。参考書は「最初に読む薄い本」「辞書代わりに使う一冊」の二冊です。

絶対うかる！ 落ちない昇進試験対策コーナー！

昇進試験対策は、日常業務のスキルアップにつながります。ですから、趣味で「昇進試験」の勉強や「行政書士」等の資格試験の勉強をしてスキルアップして下さい。スキルアップの勉強のコツは、スキルアップによって得られる利点を網羅することです（昇進、昇給、将来の独立等）。この部分があいまいだと勉強が苦痛になります。スキルアップは、自分の「幸せ」のために結びつくことのみしてください。

1 憲法

最初に、「憲法」全文を読んでください。

次に、『憲法』（芦部信善 岩波書店）を読みます。難しいことがさらっと書いてある司法試験のタネ本でした。あまり、理解していなくてもかまいません。次に『はじめて学ぶ憲法判例』（実務教育出版）を読みます。最後に『憲法１０１問』（学陽書房）で過去問の研究をします。当然、五択問題ですから、答えをカラーペンで写して、間違っている選択肢がなぜ不正解なのかを調べ「合格ノート」に書き込んでいきます。参考書は、『憲法』（芦部）と『判例六法』（三省堂）です。

2 行政法

最初に**『まる覚え行政書士』**（週刊住宅新報社）の「行政法の部分」を読みます。**間違っても厚い本を読んではいけません。**薄くが原則です。次に『出てきた行政法』を読みます。法律は、電子政府の法令から「ワードにコピーで貼って、印刷して読む」のが読みやすいと思います。字も大きくなります。

次に『完全整理・図表でわかる行政法』（地方公務員昇進試験問題研究会著　学陽書房）を読みます。そして、最後に、過去問である『行政法１０１問』（学陽書房）の五択問題をカラーペンで答えを写しながら、合格ノートに自分で判例や法律や参考書（『行政法の要点』（学陽書房））を書き写していきます。

3　地方自治法

最初に『完全整理・図表でわかる地方自治法』（学陽書房）を読みます。地方自治法は法律を読みません。

短い法律は読む。長い法律は読まずに過去問題で出てきたら調べる。一つの勉強の目安です。『地方自治法１０１問』の五択問題を解かずに答えを写し、そのプロセスの中でわからないところを地方自治法や参考書で調べて、合格ノートに書き込んでいきます。合格ノートは鉛筆よりカラーペンがお奨めです。

以下、参考書だけ書きます。学陽書房の参考書では、要点シリーズ『憲法の要点』『行政法の要点』『地方自治法の要点』『地方公務員法の要点』『地方財務の要点』。論文や時事は『朝日キーワード』（朝日新聞）、『受験ジャーナル直前対策号』（実務教育出版）で対応します。

過去問題は『憲法１０１問』『地方自治法１０１問』『地方公務員法１０１問』『行政法１０１問』『地方財務１０１問』だけです。時事や数的処理は使いません。

昇進試験の対策本は、公務員試験の対策本を使います。

4　数学

「時事やすべての分野の把握」は「受験ジャーナル：公務員試験直前対策号（上級用）」を使います。

数的処理・判断推理・資料解釈は『判断推理―必殺の解法パターン』（鈴木清士　実務教育出版）、『数的処理―光速の解法テクニック』（鈴木清士　実務教育出版）を暗記します。

数学も**経済学**もそうですが、数学は「青チャート」や「赤チャート」の丸暗記で対応します。経済学も、解法のパターンがあります。拙著『魔法の経済学』は、国家公務員試験総合職経済学の必須解法集です。判断推理も数的処理も過去問を解くのではなく、解法を丸暗記します。暗号解読などは特定のパターンしか出題されませんから、暗記で対応できます。解法集の暗記で対応できない問題は誰も解けません。

面白い話があります。筆者の友人は、高校時代IQが180以上あったそうです。IQテストは決まった問題しか出ません。ですから、解法を暗記したら最高値がでます。

数的処理も判断推理も、解法の暗記力を問う問題です。実は、論文も解法の暗記力を問う問題です。『論文試験101問』（学陽書房）を一読していただければ、出題傾向がわかると思います。政治的な見解は問いません。出題内容によっては、憲法の保障する「思想・信条」の自由に抵触する恐れがあるからです。ですから、当たり障りのない問題です。

5　国語力・文章力

ある程度の文章を書く力、要約力と表現力が求められていますが、国語力は岩波ブックレットを地道に読み、時間をかけて養うものではありません。正確には国語力は、時間がかかりますが、**論文力は一週間で向上します。**

『小論文の合格ルール50』（吉沢康夫　ライオン社）という大学入試の本があります。この本で十分です。起承転結、簡単な「受かる論文」の作法を覚えます。次に『論文試験１０１問』で実際に書いてみます。

そして、小論文は、大学入試のＺ会の通信講座で添削してもらいます。書き方がおかしくないか第三者に見てもらうだけです。だいたい、論文の作法がわかったら、五題結論を用意します。論文試験は、自分の無難な持論に持っていく試験です。

「ゆえに、私見ではあるが、憲法で保障されている基本的人権の尊重を守りつつ住民サービスの質の向上に寄与したいと考える」のように、あらかじめ自分の得意な何を聞かれても反論可能な模範文章を三～五つ用意しておき、**どんな問題が出題されても最終的に用意してあった自分の模範解答に誘導していきます。**

これが、短期間で「受かる論文作成法」です。もちろん、国語力自体の向上は時間がかかりますが、ペーパー試験で受かる論文とは違います。

そして、面接も同じように最終結論は「三～五つ」用意しておき**「憲法の定説に絡め、わかりやすく自分の言葉でまとめます」**

論文も面接も、いかに「自分の用意した答えに引っ張り込むか」が勝負です。

たしかに、日々の人間性の向上や教養力は向上させたほうがいいのですが、昇進試験に限っていえば、「受かる模範解答」を用意しておくことです。

そして、模範解答に誘導していくテクニックです。

6　英語

最後に**英語**です。私は、経済学等の社会科学や計量経済学、統計学、英語はツール（道具）だと思っています。ですから、ツールが充実していても中身が充実していなければ意味がないと思っています。

TOEICは、過去問題を解きまくればすぐに点数が上がります。TOEICは、過去問題を解いて、文法や読解は間違った問題を、辞書や参考書で調べ丹念に「合格ノート」に記載していきます。

英文法は、**『英語の総合的研究』**（旺文社）で十分です（日本で一番簡単な英文法の本です。他の分厚い参考書に比べたら薄い本です）。

英文法は『大学入試英語問題総演習』（桐原書店）に答えを書き込んで覚えます。そして、河合塾の『英単語2001』『英熟語1001』を持ち歩き覚えます。あとは『風呂で覚える英熟語』（数研社）で、難解熟語を覚えます。

基本的に、過去問題で点数があがります。いきなり「NEWSWEEK」や「TIME」を読まないほうがいいです。へこみますから。逆に英字新聞が普通に読めるなら、過去問題と基本的な文法のおさらい、ヒアリングで十分です。

TOEFLは、過去問題を解いても点数があがりません。TOEFLは、英語圏の大学入試程度の教養が必要です。で、あれば初めからアメリカの大学入試の参考書を覚えます。「High School Subjects Self Taught」（国際教育研究所刊行）です。アメリカの独習書をそのまま発行したものです。アメリカでは絶版のため、日本で逆に刊行された珍しい本です。内容も、古代西洋史、中世西洋史、近代西洋史、アメリカ歴史、アジア歴史、アメリカ政治、地理（北米、中米、南米、ヨーロッパ、アジア、アフリカ、オーストラリア）、経済、英語、文学（英国、アメリカ、東洋、ギリシャ、ローマ、イタリア、スペイン、フランス、ドイツ、北欧、ロシア、南米）、芸術（絵画、建築、彫刻、音楽）、一般数学（加減乗除、分数、小数、百分率、各種単位、平方、立方）、代数、平面幾何、立体幾何、三角関数、一般科学（コンピュータ、気象、近代輸送、近代通信、原子力、宇宙）、天文学、地質学、物理学（力学、液体、気体、熱、音、光、波形運動、磁気、電気、電磁波、電子工学、核物理）、化学（分子、原子、無機／有機化合物、放射物）、生物学、生理学、心理学、社会学と大学入試の科目をすべてカバーしたある意味、究極の独習書です（１４４１ページあります）。

知的水準が、アメリカの賢い大学受験生レベルになって初めて、専門書も早く読みこなせます。

㈱国際教育研究所のＨＰ
http://www.pasocon-eikaiwa.com/

『アメリカの中学教科書で英語を学ぶ―ジュニア・ハイのテキストから英語が見えてくる』（林功　ベレ出版）も一般向け入門書としてありますが、真剣に海外の大学や大学院で勉強する気なら「High School Subjects Self Taught」です。

英語の辞書は、「リーダーズ英和辞典」（研究社）を使います。普通の専門書（大学院レベル）までなら、この辞書で対応できます。

英語は、ネットの発達で、「ＣＮＮ」ニュース等の海外ニュースの動画を無料で閲覧できるようになりました。ネットで、「ＣＮＮ」と検索して、英語版ＣＮＮのニュース動画を再生し続けたり、海外の英語ニュースを無料で読んだり、ホワイトハウス等の官公庁の文章を英語で閲覧することが可能です。

また、**ＤＶＤには、「英語字幕」がついています。**ハリー・ポッターなら、ハリー・ポッターの一巻を英語音声、英語字幕で何十回も見ます。そのうち、自然に覚えます。**暗記というのは、目と耳から情報が入ってきますから、英語字幕を英語音声で聞けば、目と耳から英語を覚えることができます。**

英語学習用のヒアリング教材は、一人のナレーターが録音していたり、「ネイティブ」であれば、通常、省略して、発音しない箇所も発音しています。ですから、英語字幕と英語音声で覚えることが重要です。（米国内であれば、ニュースにも英語字幕がはいります）。洋画も、字幕に書かれていても、「ほとんど発音しない」部分、これを覚えないと、実務で聞き取れないと思うのです。

○ＣＮＮニュース（米国）
http://edition.cnn.com/us
○ＣＮＮニュース（国際）
http://edition.cnn.com/videos
○ＡＦＮニュース（ネット配信）
http://www.afnpacific.net/AFN-360/

第5章 コミュニケーション・スキルの鍛え方

1 人を動かすもの

本を読まない人は第一段階で失格！

あなたの人生理念は何ですか？　言葉で人は動きます。お金でも動かせますが、心は買えません。労働力は買えます。お金で心が買えるというのは悪魔の契約の発想と同じです。人は、巧みな言葉、もちろん心がこもっていないとメッキがはがれますが、**表現力で人は動きます**。どういう言葉を操れるのかが大事なことです。

大人になっても、言葉遣いの下手な人がたくさんいます。ぜんぜん、説得力がないから、自分の気持ちも伝わらないし、人も動かせません。上司も部下も仲間も、真心のこもった表現力の豊かな言葉で動くのです。その言葉を自在に操れなかったら、何もできないのです。今風にいうと自己ＰＲ力が圧倒的に足りない人が多いのです。

会社を興しても、サラリーマンになっても、自分の意思を伝える企画書や稟議書を書かないといけません。そういう文章をわかりやすく、ポイントを押さえて書けない人はどんなに独創的で優秀でも他の人に自分の考えを理解してもらえないですから、評価されないのです。**生き抜くには文章力、表現力が不可欠です。**

どうすれば、それが身につくか。インプットしかありません。**インプットがない人はアウトプットができません。**インプットとは一言で言うと、読んだ「まともな本」の絶対数です。私は、読書は勉強ではないと思っています。趣味だと思っています。

では、どういう本が理念になって人を動かすのでしょうか。それは**実学**です。松下幸之助氏は学校歴がありません。けれど、大きな成果を出しています。世界の「松下」です。実学は、そういう生涯を貫いた人から得られます。**「プロジェクトX」**シリーズです。**『社員心得帖』『人生心得帖』**（松下幸之助　PHP）。

好みの問題でもありますが、私は**『孔子、人間どこまで大きくなれるか』**（渋沢栄一　三笠書房）という本を中学時代から愛読しています。渋沢栄一は、第一勧業銀行をはじめ、五百社以上の近代企業を明治時代に設立した人物です、一橋大学の創立の立役者です。右手に「論語」、左手に「ソロバン」といわれた人です。松下幸之助氏や渋沢栄一ほど大きなことができるかどうかはわかりませんが、「大きな志」は受け継ぎたいと思うのです。

教養が決め手になる

公務員として、良いものは取り入れ、悪いものは身につけない。大事なことです。そういう中で、岩波文庫の古典の教養がどうしてもバックボーンに必要だと思うのです。

マルクス・アウレリウスの**『自省録』**（岩波文庫）。著者はローマ皇帝です。この本を一言で説明すると、ローマ皇帝として各地の反乱を制圧し、夜は自室で哲学をしているわけです。もちろん、観念的な哲学ではなく「実学」です。同じように、**『伝習録』**（王陽明）や**『菜根譚』**も昔の公務員ですから、作者は共感を持てる部分が多いのです（いずれも岩波文庫）。

儒教精神は、一歩間違うと「滅私奉公」につながりがちですが、どういう価値観で公務員をするのかということを考えると古典は重要です。また、**古典の教養がなくて偉くなった人はいません。**これも重要です。

「同じ教養レベルの人同士が仲良くなる」ということも言われています。類は友を呼ぶということでしょうか。いずれにしても、**教養がないとモラル観念が麻痺します。**あれもこれも読むというのも大変ですから、せめて**『論語』『大学・中庸』『孟子』**ぐらいはそろえて読んでおきましょう。

2 コミュニケーション・スキルの鍛え方

人生、思いつめないこと

コミュニケーション・スキルとは、要するに誰とでも仲良くできる力です。**小細工で人は動きません。誠意と熱意で人は動きます。**

人と仲良くなる方法は、相手を好きになることです。どうしたら、相手を好きになれるのでしょうか。それは「人間は不完全である」ということを認めることです。人間に完全を求めても無理です。公務員は真面目で几帳面で完璧主義な方が多いようですが、「人間、適当に生きたほうが楽」です。選択理論心理学のところで書きましたが、自分を批判したり、赦せない人もいます。自分を傷つけたら駄目です。悪人ほど元気ですから。ただ、極悪人もいませんし、すごい善人もいません。マザーテレサのような方がゴロゴロはしていません。していないから、聖女なのです。

ですから「人間は欠点もあるからね」という「お気楽さ」が大事だと思うのです。私は欠点の多い人間です。そんな自分が赦せない時期もありましたが、いまは「のほほん」と生きています。「自分も欠点はあるが、犯罪じゃなければよいよね」という寛容さをもって接してください。

そして、もしも上司や部下が最悪だったら大丈夫です。自然淘汰されます。あなたは「敬して遠ざける」というのですが、嫌いな人に丁重に真心を持って誠心誠意接し、そして無視してください。自然にいなくなるはずです。

正直なところ、人間だれでも苦手な相手がいます。上司であったり同僚であったり先輩であったりします。そして、どうしても我慢できなくなったら、その人の「天敵」を探してきて、飲みに行ったり、コーヒーをごちそうしたりして仲良くなってください。あなたの苦手な人は、その天敵を怖がってあなたに悪さできないはずです。

誠意に勝るものはない

さて、ソフトな人づき合いの名著はカーネギーです。

ハンディ・カーネギー・ベストという本があります。**『人を動かす』『道は開ける』『カーネギー名言集』**（創元社）を読んでください。カーネギーの本の真髄は、人を批判せずに、誉めて人を動かす。人を動かすのは「誠意」だというのです。これは必読書です。「誠意に勝るスキルはない」ということです。

人に話を聞いてもらい、動いてもらうには相手を知り、理解することです。その方法は、カーネギーの本に書いてあります。この本は、一読の価値はあります。

誠意で人と接してください。そして、誠意が通じないような相手は「敬して遠ざけ」、**丁重に相手にしない**ことです。

相手本位に生きる

私は中央省庁からスタートしています。その後、縁あって地方自治体などで政策提言させていただくことができるようになりました。その中で、特に市町村のような直接住民と触れ合う公務員の人に何が大切か考えたのです。

結論は、**相手本位に生きる**ということです。この発想は、我慢するということではありません。たとえば、セルフ・ケアのTFTはトラウマを取り除くセラピーの一つですが、TFTを使ってDVを耐えてもらったら困るということです。TFTで、職場でのセクハラに耐えるのではなく、弁護士や専門家に相談する（組織外の人）ことがいいと思っています。

日本の行政機構では、セクハラに関しては、残念ながら、十分に対応がとれるシステムがありません。だから外部に相談したほうがいいのです。

この本で、私は、しつこく「みんな幸せ」を強調してきました。つまり「**相手本位**」は「自己犠牲」を伴わない**相手本意**のスキルです。

しかし、ことコミュニケーション力に関しては、そういうものを実は、学生時代に体得しているかどうかが大きいのです。大学や高校で生徒会やサークルの会長、幹事長などの役職経験をすることで、身体でコミュニケーションを学んでいることが後のコミュニケーション能力の基礎になります。

ここからいきなり私事に入ります。私は、料理や菓子作り、占いやフラワー・アレンジメントを趣味にしています。どうして、そういう女性系の趣味もあるのかというと、多分、私の出た高校が旧制女子高だったからでしょう。忘れもしない演劇部。進学コースと普通科が一緒にいるわけです。ですから、感情のままに生きるというのがどういうことなのか、体が覚えています。

私は、女性に関しては、ものすごくハードルが低いです。ですから、そういう人生のトレーニング的な環境で可愛がってくださった鈴木恵理子先輩とは今でも親しい交流があります。

「いきなり暴れなかったらいい人」「感情をコントロールできる人は神様」

こう思っています。私は、悪い環境で育ったとも思いませんが、いろいろな成長過程のトレーニングで、中学二年の学級委員のときの遠足のことです。私はもめるのを承知で「自由席」にしたい（好きなところに座る！）ということを提案しました。そのとき（生徒の意見をまったく聞かないことを信条とされている）担任の先生から、「学級委員は無責任だ！」ということになり、座席の配置を考えました。予想通り、男子はおとなしいのです。というのは、私が怒ったら怖いのを良く知っているからです。女子は違いました。「あの子の隣はいや」「あの子の隣がいい」等々、完全に組み合わせ算の世界です。私は、遠足前日、徹夜してバスの座席を決めました。サークルや生徒会で人間関係の軋轢で、トレーニングを受けている人のほうが、社会に出てからのコミュニケーション能力があります。

しかし、自分の**トレーニング次第でコミュニケーション能力は向上**します。

たとえば、選択理論心理学の「七つの好ましい方法」を実践したり、日本リアリティーセラピー協会主催の勉強会や集中講座に参加したりするのです（柿谷寿美江先生は、笑い方が上品で明るいのです）。しばらく先生の真似をして「上品ですね」といわれていましたが、めっきが剥がれてきました。

信用力は公務員の最大の武器

私はビジネス・パーソンのコミュニケーション・スキルを大事にしてきました。それは、政策を提供したある首長が財閥系商社の元部長ということもあり、「官から民へ」というスローガンを掲げておられたこともありますが、別の理由もあります。

それは、**公務員は社会的な信用力が高い職業**だということです。たとえば、公務員が痴漢をしたり、不祥事を働けば一〇〇%、マスコミに報道されます。言葉は悪いですが、正直なところ、公務員式のコミュニケーション・スキルは、「温室育ち」のような気がします。

一般的には、民間より公務員の方が信用力があります。ですから、公務員用のマナーはマナーとして学びつつも、ビジネス・パーソンのスキルが大切なのです。これは実感です。図書館や書店で、営業本やコミュニケーション・コーナーにある「会話本」を読み、特に営業マンの会話術のような本から、具体的な会話方法を学びます。

長い目で見る

織田信長も腹心の明智光秀に殺されました。独裁者シーザーは、ブルータスに殺されました。ワンマンで好き勝手にやると、外の敵ではなく、内部からの裏切りに遭います。

歴史を見ていて、共通項があります。まず、ワンマンは栄えない。これは、ＩＴ企業の不祥事や古くは藤原氏、平家が実証していてくれます。フランス革命やルーマニアの独裁政権の崩壊も同じです。善悪は、抜きにして人から粗末に扱われるのを好む人はいません。ですから、相手の尊厳を傷つけないことです。

感情的に怒鳴りつけることも感心できません。

「怒る」というのは、感情をストレートに相手にぶつけることです。双方にわだかまりが残ります。

「叱る」というのは、部下の間違いを指摘して建設的な改善策を相談することです。

感情のままにワンマンに生きたら、一〇〇%、部下が離れていきます。人も離れていきます。ワンマンにならない方法は、選択理論に基づき「脅さない、批判しない、罰しない」ことです。相手を「信頼して、尊敬して、話を最後まで聞きましょう。」

政界でも、財界でも観察している限りでは、ワンマンである程度までは大きくなりますが、それから頭打ちになります。

相手の人格を最大限に尊重する生き方が大事です。ですから、いかに相手を尊重し、大切にするかに気を配ることが大切です。

逆に、横暴な上司がいたら、たぶん、淘汰されていきます。

短期的には、悪が栄えるのですが、長期的には必ず善が勝ちます。

3 マメな人が出世する

些細なことをしっかり行う

人間は、感情があります。

実力も大事ですが「好き、嫌い」で人は動いています。これは否定できないことです。

ですから、良好な人間関係を家庭と職場で作ることは大切なことです。

たとえば、グリーティング・カード等も大事な小道具です。

クリスマス、桃の節句、誕生日、そうした節目には、グリーティング・カードを家族や友人、仲良くなりたい同僚に送るこまめさも大切なことです。

些細なことですが、**些細なことができるかどうかが人間関係を友好的にできるかの鍵です。**

挨拶も**「笑顔」**で、誰にでも「おはようございます」という誠意あふれるスマイルで人間関係は良好になります。相手から、声をかけられる前に職場では必ず「笑顔」で元気よく挨拶する習慣をつけます。習慣になったら、条件反射で挨拶できます。

私の本は、難しいことは書きません。すぐに実行できるけれど、やっていないことを整理して書いているだけです。

送っておかしくない相手であれば、年賀状、暑中見舞い、クリスマス・カード、誕生日カード、こういう小道具を大事にしてください。私は、筆まめ、メールまめ、グリーティング・カードまめです。

周囲を観察していると、好感度が高く、多くの人から慕われている人は、まめな人です。

部下の誕生日に、普通にプレゼントできる人。家族でも父の日、母の日、敬老の日、結婚記念日、押さえておくべき記念日があります。結婚していたら配偶者の誕生日と結婚記念日とプロポーズした日、クリスマス、この四つは特に大事です。

愉快な面白い人がいい

優秀な人材は真面目すぎるところがあります。

人間は感情の生き物です。「頭では正しい」と理解していても人は動きません。内容ではなく、誰が言ったかで人は動きます。極端な話、間違っていると思っても人は動いてしまうこともあります。

ですから、職場や家庭で良好な人間関係を構築する必要がありますが、「あまりにもくそ真面目な人に人はついてきません。」やはり、ユーモアや面白さがいります。

ユーモアは学習して、習得できます。例えば関西には「吉本新喜劇」のお笑いの文化があります。ですから「お笑い」、人を傷つけないお笑い、ユーモアの要素を徐々に身につけていくことは大切なことです。合併や人事異動で別の組織のリーダーになっても、面白いリーダーは魅力的ですから人はついてきます。

相手を大事にして、仲良くしようという真心とユーモア。日常生活の何気ない面白さが人間性の一つの尺度だと思います。

4　苦手な上司・先輩との交流法

議論に勝ってはいけない

最近は、ジェネレーション・ギャップというのでしょうか、上司のほうが部下に気をつかっていることもありますが、**人は変わりません**から自然体で接して、お互いにストレスをためないことです。

やりにくい上司は、一〇〇%自分が正しいと確信しています。そういう人と議論しても時間の無駄です。あなたが言っていることのほうが正しいと思います。しかし、そういう場合は、逆らわないでください。やりにくい上司が職場にいて、だいたい頑固で人の意見を聞かず、決して間違いを認めないからやりにくいのですが、そういう場合は論戦をしないことです。

私は、**ディベートはコミュニケーションの役には立たない**と思っています。相手をディベートで言い負かしたら意地になって一〇〇%敵に回ります。

大事なことは、**相手に自分の意思を伝え、快く協力していただく**ことです。不毛な議論は職場でしないことです。テクニックとしてディベートは必要なのですが、一〇〇%敵を作ります。

伊藤光晴京大名誉教授の言葉。

「議論に勝つ最上の方法は議論をしないことである」

ケインズは議論好きで有名でした。イギリスの知識人の会合（ブルームズベリーグループ）に出ていましたが、妻の一言でグループを抜けます。

「メイナード（ケインズの名前）、あなたの批判は相手の方に気の毒よ」

ケインズは愛妻家で有名です。

上司には好きなようにさせてあげる

だいたい、この本を読まれる皆さんが、上司や同僚や部下とぶつかる理由は一つしかありません。それは「知的」だからです。知的過ぎるから、上司の思うがままにやらせたら失敗するのがわかっているから、上司のプランや言動に賛同できないのです。しかし、好きにやらせてあげてください。そして必ず失敗しますから、そのときにあなたが導いてあげればいいのです。

こんな例はどうでしょうか？　スキー旅行です。

部内旅行に行こうとしたら、課長が部下のあなたにこう言います。

「沖野さん、スキーといえば沖縄だよね」

ここで、賢いあなたはこう答えようとします。

「課長、沖縄は雪が降りませんから、スキーはできません。スキーなら雪国です」と。

沖縄でスキーをしようとする人はいないでしょう。けれど、政策分野でまったくの門外漢が上司になったり、時代に取り残された発言や行動をとることはよくあることです。では、どうしたらいいのでしょうか。

「そうですね、スキーは沖縄ですね」と認めてあげましょう。

間違えていても、とりあえずは否定しないこと、つまり相手を認めることです。

人に話すのが「人間力」とすれば、人の話を聞く力は「度量の大きさ、その人の器」です。ですから、間違っていてもまずは承認してあげてください。大人と思うと腹が立ちます。しかし、子供と思えば腹も立ちません。「話が通じない人」と仕事をすることになったら、子供と思ってください。余計なことに腹を立てないことです。人は変えられません。ただし、変わるきっかけ、情報提供はできます。

そして、費用対効果（コスト・パフォーマンス）がかからないようなことであれば、スキーは沖縄に行ってあげます。相手は、沖縄に来てスキーができないことに気づきます。ここですかさず、「課長、スキーは雪のある北海道のほうがいいかもしれませんね。課長もそう思われませんか？」と質問します。正確には、自己評価させます。

功績はひたすら相手に捧げること

他者評価ではなく、自己評価させることで人間は成長します。

部下の育成とは、自己評価できるようなシステムを作り、上司は失敗のリスクを負うことです。そうしなければ、部下は自立できません。

さて課長は、「そうだね、沖野さんの言うとおり、北海道に行ってみようか」ということになると思います。そして、北海道に行けば、当然、雪が降っていますからスキーはできます。間違っても「ほら、私の言ったとおり！」と**相手を責めたら駄目**です。夫婦間や家族の会話もこの方法が基本です。さらに、すかさず「さすが課長！　やっぱり課長の言うとおりにしてよかった。さすがですねえ」と「追い討ち」をかけます。

必ず相手の手柄にします。そうしたら、やりにくい上司があなたの味方になります。やりにくい上司も、自分が他者からどう思われているか、ちゃんと気づいています。敬遠されているはずですから。そういうときに、あなたの「器」が試されます。あなたが、スキーなら沖縄ではなく北海道と思ったとしても、最初に言わずに手間暇労力かけて導いてあげてください。

最初から「スキーは北海道」と言ったら断絶が始まります。沖縄に行き、北海道と錯覚させ、北海道に行ったら賞賛します。ここまでやったらどんな人でも動きます（ただし、行政は税金を使っていますし、責任問題の恐れもあります！）。

何でも文章にし「認め」をもらう

指示は口頭ではなく文章にする。相手はめんどくさがりで文書を出しませんから、自分で指示命令を文章にして「課長これでよろしいでしょうか？」と確認をとります。

①部内の引越し程度であれば、ある程度、無駄な行動をとりますが、お金がかかること、「沖縄→北海道」のような場合、相手に「北海道でスキーをしたい」と思わせるような情報をネットの写真や、旅行雑誌を親しげに仲良く見せまくります。そして、「やりにくい相手が、自発的に沖縄から北海道に場所を変える様に」、強い情報提供をします。選択理論心理学的には、「内なる動機づけ、強力な内なる動機づけを促すような強い情報提供」というようです。

②相手に自分の協力者になってもらうように、強力な情報提供をして、自分が望ましいと思っていることを、相手が自発的に望ましいと思うようにもっていきます。

ただし、ここで大事なことは「誠実さに勝るスキルはない」ということです。誘導するのではなく、お互いが幸せになるために、正しい情報を熱心に相手に提供することで、相手が自発的に動くことに意味があります。

善が悪に勝つ方法は、圧倒的な知恵で悪を圧倒することです。知恵が最大の武器です。憎まれっ子が世にはばかるのは、自分は悪だという開き直りと意志の強さ。悪人と善人が喧嘩したら、一〇〇%悪人が勝ちます。善より悪の方が強いからです。大坂の陣でも外堀を埋めるといって内堀を埋めて、豊臣氏を滅ぼした家康の素晴らしい悪知恵です。悪人が強いのは、悪の意志が強く、悪知恵が悪魔のように出てきて、汚いから強いのです。善人は、人がいいから弱いのです。善人でも、ものすごく善を極めたらものすごく賢いはずです。

ですから、知識・学問が善人の最大の武器なのです。舛添要一氏が言っていました。「私には法律という武器しかない」と。「頭がいい」ということがあの人の武器なのです。法律に精通して、人を使って戦えることが武器です。知恵が武器です。

5 人とつき合う法

加点法が大事

上出あかねさんという大切な友人に教えてもらった方法です。

①人間を減点法で見ない

最初に好感度が高い人は、一〇〇点になります。ところが、最初が一〇〇点ですから、後はマイナスしかないわけです。これは、目から鱗が落ちました。なぜなら、私が同じことをしていたからです。では、どうしたらいいか。プラス法、足し算法で人を見ます。**初めは一〇〇点をつけないのです。**一〇点から始めて少しずつ点数をあげていきます。そうすると、いつか高得点になります。多くの人は無意識のうちに減点法で人を見ているのではないでしょうか。

②悪口をいわない

陰口は絶対に本人に伝わります。また、直接本人に文句を言いに行ったほうがましです。職場の同僚に上司の悪口は言わないほうがいいでしょう。

③普段、思っているネガティブな感情が立ち居振舞いになる

私も正直、会いたくない人や肌が合わない人はいます。ただ、嫌いだなという思いは何気ない立ち居振舞いに表れます。ですから、あまり人を嫌いにならない。

「人は不完全で、あの人は救いようがないような人だけれど、あの人はあの人なりにがんばっている」と思って、嫌いな人のことは潜在意識から消したほうがいいと思います。

④嫌いな人のことは考えない。無理に仲良くしようとしない

無理に仲良くしようとすると、余計、相手の嫌な部分が目に入ってきます。ですから、無視してください。嫌いな人間のことを考えたら、マイナスのエネルギーが大きくなりストレスが溜まりますから、ＴＦＴで軽減するか、友好的な完全無視が賢明です。無理に嫌いな人と仲良くなる必要はありません。

⑤八方美人は破綻します

人間は感情の生き物です。嫌いなものは嫌いで、距離を置いて友好的にお付き合いしてください。嫌いな相手は、未成熟な子供と割り切って、法に触れるようなパワハラやセクハラは、弁護士に相談してください。

⑥職場内でのいじめは犯罪です

最高裁判所の判例では「仲間外れ」の宣告にも脅迫罪が成立しています。

※日本弁護士会のＨＰ（http://www.nichibenren.or.jp/）

⑦約束を破られて傷つかないようにする方法は、相手に一切の期待をしないことです

人に約束なんかさせなければいいのです。私は、人との約束を守る努力をしています。ですから、できない約束はしません。ただし、人が私にしてくれるといった約束は信じていますが、期待はしていません。人を信じますが、約束を守る能力があるかどうか、行動力があるかどうかは別問題です。約束を守る能力がない人に、約束を守らせることは「いじめ」です。だって、できないでしょう？　約束を覚えていない人もたくさんいます。

私は「この人ああ言ったけれどもどうするかなあ」と見ています。でも、守っていなくても、別に気にしません。そして、できない人に限って、安受けあいするしいい顔をしたがります。そういう人は向こうから、できないにもかかわらず「何かします」と言ってきます。信じるけれども、一切期待しないことです。そうしたら傷つきません。

6　最大のスキルは笑顔と自然体

人の話は直接聴く

あるコミュニケーション術の本を読もうと思いましたが、あまり読めませんでした。なぜなら、忙しかったからです。そこでCDがついた本を買い、それを聞きました。ビジネスマンにとっては、CD等で人の話を聞くことは当たり前のことかもしれませんが、私には画期的なことでした。

そのCDの結論は、**笑顔で人と接すると人間関係がよくなる**、ということでした。

「相手を理解する、それから相手に理解してもらう。最初に自分をわからせようとするから、失敗する」

このCDを聴くという発想は以前の私にはないものでした。ところで、コミュニケーション・スキルはどうしたら身につくのでしょうか、OJTはどうしたらいいでしょうか。

手段としては、①本を読む、②CD等を聴く、③本人に会いに行くということになりますが、本を読むより本人の声のほうが記憶しやすいようです。一番いいのは著者に会いに行くことですが、それがかなわなければ研修や講演に参加することです。しかも自腹で。本もそうですが、絶対に「経費」で落としてはなりません。組織がお金を出してくれるより、自分でお金を出したほうが頭に入るのです。

市民の話をよく聴く

公務員は市民の話をよく聴くことが大事です。私が関わっている自治体の話です。有名なクレーマーがいました。これにどう対応したか。**ひたすら話を聴くことでした。誠心誠意話を聴くことです。ただしあまり相手にすると居ついてしまいますので、誠意あるバランス感覚が大事です。門前払いはやめてください。**

ところで、なぜクレーム対策本が売れるのでしょうか、なぜネットで誹謗中傷がはびこるのでしょうか。要するに、人は自己表現したいのです。社会に認められたいのです。自己表現の方法がわからないから、ＵＮＨＡＰＰＹな形でクレームや誹謗中傷になるのです。

幸せな人で悪口を言う人は見たことがありません。テクニックの問題はありますが、誠意は伝わります。人間関係を良くする七原則を実行してください。

きちんと話を聞く、相手のことを理解する。勉強の秘訣として、三人の別々の著者が同じことを言っていたら大体、真実です。そして、実践して効果があってはじめて真実と確認できます。

自分の話を伝えようと思ったら、まず相手の話をよく聴くことです。「行政対象暴力」を例にあげます。

①理論武装する

②警察、弁護士と仲良くする（大事なことです）

基本的に「行政対象暴力」は不当な要求ですから、文官である公務員が対応せずに、必要に応じ、治安セクションである警察等にお任せしてください。ただし、大事なことですが、憲法で表現の自由と思想、信条の自由が保障されています。ですから、不当な要求なのか、本人はそれなりの理屈を通しているのか、あまり杓子定規に図らないほうがいいと思っています。

不当な要求は警察の仕事です。しかし、筋を通していること。たとえば、以前、東北で地方議員が「ノーネクタイ」で議場に入場できずハンガーストライキを行いました。私見としては、地方議員の行動は思想・信条の自由活動です。ですから、善悪は別にして治安事項にすることは、憲法違反だと考えています。市民運動と行政対象暴力を見極めないと、血も涙もない行政組織になります。それは、望ましいことではありません。

7 さらにスキルアップするために！

マナーを身につける

直接、住民と接する地方自治体にいて感じたことは、これからは「市民主体」の行政になっていくと。その中で、一番、大切なことは、民の力です。民の力は、どうしたら身につくか、民間研修も一つの方法でしょう。もうひとつは、本やＣＤやＯＪＴで学ぶことでしょう。

最初のポイントは、ビジネス・パーソンとしてのビジネス・マナーを身につけるということです。動機づけのために「秘書検定」を受けることもいいでしょうし、マナーの本を読むこともいいことだと思います。

最近は、公務員としてのマナーだけでなく、普遍性のあるマナーが大事になっています。そういうことを大事にする時代だと思います。

手帳の効用

タイムマネジメントの方法として、手帳を使った行動管理が人気があるようです。公務員の手帳を使ったタイムマネジメントのメリット、デメリットについて考えてみます。

仕事のスケジュール管理は、どんな仕事でも必要です。それを、ノートでするか、手帳でするかだけだと思います。一般的に公務員は、タイムマネジメントが得意ではないはずです。不確定要素が多いですから、「議会質問は野党次第、いつかわからない」というところで、タイムマネジメントをしたら腹が立ちます。

逆に、**法令業務は細かいスケジュール管理が必要**になってきます。私の見たところ、タイムマネジメントの能力は個人差が大きいと思います。必ずしも優秀な学校を出ている人がマネジメントがうまいわけではないようです。

タイムマネジメントはツールです。英語と同じです。

手帳やスキルは有効な部分だけ使いこなせればいいと思います。道具に振り回されないことが大事です。

第6章 公務員の必読書

1 何を選ぶか、どう読むか

スキルアップは欲張ればキリがありませんので、ここでの基準は、薄くてわかりやすい実務書を中心にあげました。さらにスキルアップしたい人は、これ以外どんどん読んでください。

(1) 図書目録

株式会社ぎょうせいは、事実上の政府刊行物の版元です。そのため、内閣法制局、各省庁の現役、OB公務員が多くの法令書を執筆しています。多くの実務要覧が「ぎょうせい」を版元としているため、「会計」なら「会計マニュアル」、議会なら「議会対策マニュアル」で必要なものは、「図書目録」をみれば把握できるのです。「ぎょうせい図書目録」自体が実務用の最大のスキルアップのヒント集で、要するにどういう本を読めばいいかがわかるのです。

余談ですが、私は以前ぎょうせいの方に「目録はタダではなく売ったらどうですか」という提案をしたことがあります。まだ無料です。ぎょうせいとしては、私にこんなことを書いてもらいたくないと思っているでしょう。なぜなら、お金（目録代と配送費等）がかかるからです。しかし、一番安くコストパフォーマンスのある「業務に精通するヒント集」は

「ぎょうせいの年度別図書目録」です。前著で「図書目録の配布方法がないか」とお願いしましたが、実現しませんでした。図書目録は「ぎょうせい」のＨＰからメールを送り「図書目録希望」と書けば送ってくれるようです（https://gyosei.jp）。以下、ＨＰから引用します。

○図書、雑誌の在庫、お申し込み、購読について
○図書目録・リーフレットのご請求について
　■電話受付時間　月～金　９時00分から17時00分（土、日、祝日、年末年始は休み）
　　株式会社ぎょうせい出版営業部営業課
　　ＴＥＬ：0120-953-431
　　ＦＡＸ：0120-953-495
　　mail：business@gyosei.co.jp

なお、株式会社ぎょうせいでは、私「林雄介」の公務員向け研修、学生、ＮＰＯ、市民向け講演会の企画・運営も行っています。林雄介の公務員研修・市民向け講演については、株式会社ぎょうせい・クリエイティブ事業部（ＴＥＬ　03－6892－6644）までお気軽にお問い合わせ下さい。心からお待ちしております。

(2)網羅的知識整理のために

次に大事なことは、網羅的な知識の整理。白書から時事、憲法、行政学すべてのまとめである『**受験ジャーナル・公務員試験直前対策号（上級職）**』（実務教育出版）のような本で勉強します。

(3)法律の勉強

法律の教科書は、法令集が毎年発売されるように、法改正や判例改正で、定期的に「改訂」「新訂」が出ます。この本の初版以降十年間で、多くの本が新訂・改訂されました。ですから、改訂、何版という書き方をしませんので、「出版社」とネット

で調べて、最新版を買ってください。（詳細は後述しますが、法律の本は、数十年間は基本書が変わりません。）

①法令・条例の学び方

▼入門書

『法令入門』（田島信威　法学書院）

『新版　絶対わかる法令・条例実務入門』（林雄介　ぎょうせい）

日本一わかりやすい林雄介の法令入門。田島氏は元参議院法制局長。どちらも国会や議員対策を意識した法令の本。拙著には「質問主意書対応」や「国会答弁対応」が書かれている。

『条例立案者のための法制執務』（早坂剛　ぎょうせい）

早坂氏は、旧自治省から内閣法制局参事官、自治大学校の校長をされた方。氏の渾身の一冊。条例の入門書としては、最高・最良の一冊。

▼実践書

『新訂ワークブック法制執務』（法制執務研究会編　ぎょうせい）

法制局OB集団の一冊。内閣法制局参事官をはじめ、各省の法令事務官は全員持っているであろう一冊。公務員なら必ず必要な本。全部読むのではなく辞書代わりに使う。三回読んで暗記したらプロの法令官になれる。

『法令作成の常識』『法令用語の常識』『法令解釈の常識』（林修三　日本評論社）

いまだ、読みつがれている不朽の名作。コンパクトサイズなので、通勤途中に読んで勉強できる。『新訂ワークブック法制執務』が、卓上版とすると林先生の三部作は普及版。

②憲法

▼入門書

『憲法』（芦部信喜　岩波書店）

司法試験の憲法基本書。芦部先生の死後、弟子達

が最新版に改定し続けているため、いまだに「憲法」解説の基本書である。

『憲法判例集』（野中俊彦他　有斐閣新書）

判例が命。薄い公務員試験の入門書で判例になじむ。

③民法

『民法（Ⅰ～Ⅳ）』（内田貴　東京大学出版会）

『民法（Ⅰ～Ⅴ）』（有斐閣Sシリーズ　有斐閣）

民法は、行政書士試験のテキストが一番簡単。

④行政法

▼入門書

『はじめて学ぶプロゼミ行政法』（実務教育出版）

公務員試験の受験本で薄い本が入門書として最適。

『重要判例セレクトワークス』（受験ジャーナル別冊、実務教育出版）

▼実務書

行政手続法

『逐条解説　行政手続法』（IAM＝行政管理研究センター編　ぎょうせい）

行政手続法は、行政手続きを定めたグランド・ルール。つまり、すべての部署に適用されるから、このリーズナブルな解説書で、何か問題が起こる前に対処。苦情は行政手続法に基づいているから。危機管理のマニュアル。

個人情報保護法

『個人情報保護法の解説（改訂版）』（園部逸夫編集　ぎょうせい）

個人情報保護法は、きちんと理解して運用すれば恐れる法律ではない。

住民訴訟

『行政不服審査事務提要』（行政不服審査研究会監修　ぎょうせい）

難解な行政不服審査法を最もわかりやすく編集。

パブリックコメント

『Q＆Aパブリックコメント法制』（行政管理研究センター　ぎょうせい）

パブリックコメントというのは、国民（県民や市民）の意見を政策に反映させる手続き。市民との協働が時代の趨勢となっている現在、市民の意見をいかに行政に反映させるかという方法論が大事になっている。そのノウハウが凝縮された問答集。

⑷予算の勉強

『図説　日本の財政』（東洋経済新報社）

日本の予算書。

『図解よくわかる自治体財政のしくみ』（学陽書房）

①国の予算

『財政会計事務提要』（ぎょうせい）

国の予算のマニュアル。

②地方の予算

『基礎からわかる自治体の財政分析』（出井信夫　学陽書房）

『地方財務ハンドブック』（地方財務制度研究会編集　ぎょうせい）

わかりやすいマニュアル。

『誰にでも分かる自治体財政指標の読み方』（今井太志　ぎょうせい）

著者は自治省出身。自治体財政のプロが書いた一冊。丁寧に地方自治体の財政について説明している。用語集として最適。

『六訂　地方財政小辞典』（石原信雄・嶋津昭監修　ぎょうせい）

あの石原官房副長官の本。総務省ＯＢによる地方財政の必須、基本用語集。

『地方財政関係法令通達実例集』（地方財政制度研究会　ぎょうせい）

地方財政の総合マニュアル。高いですから、組織で買ってもらおう。

『WEBLINK　補助金・交付金総覧』（補助金・交付金総覧編集委員会編　ぎょうせい）

国から地方への補助金の総合マニュアル。これも、高いので組織で買ってもらおう。

③会計検査対策

『会計検査実務提要』（会計検査研究会編　ぎょうせい）

定期的にやってくる会計検査、法とマニュアルに精通し正々堂々と受けて立とう。

④地方議会対策

『質疑応答　議会運営実務提要』（議会運営実務研究会編　ぎょうせい）

『地方議会運営事典　第２次改訂版』（地方議会運営研究会編　ぎょうせい）

地方議会の運営マニュアル。五千円だから個人で買うかどうか迷う。担当課に装備してあれば間に合うと思うが、個人で買って議会に精通するのも差をつける方法。個人で買えるギリギリの価格なので、差をつけたい人は装備すべき。

⑸昇進対策のための本

『この通りにすれば受験にうかる』（林雄介　たちばな出版）

勉強法、スキルアップ、モチベーションアップのための基本書。しかも、無料でネットの「グーグルブックス」で全文閲覧可能にしました。全文無料公開なので絶対に必読です。

昇進対策の本は、実務の入門書としても最適。

①入門書

『図解よくわかる行政法のしくみ』（学陽書房）

『図解よくわかる地方自治のしくみ』（学陽書房）

『完全整理・図表でわかる地方自治法』（学陽書房）

『完全整理・図表でわかる行政法』（学陽書房）

②過去問題

まず、過去問題に答えを書き込み、わからなかったところを**『判例六法』**（三省堂等）や参考書で調べながら、合格ノートにカラーペンで書き込んでいく。合格ノートは試験前夜の一夜漬けに使う。

『憲法101問』『地方自治法101問』『地方公務員法101問』『行政法101問』（地方公務員昇任試験問題研究会　学陽書房）

③参考書

『憲法の要点』『行政法の要点』『地方自治法の要点』『地方公務員法の要点』『地方財務の要点』（学陽書房）

⑹時事・総合

『岩波ジュニア新書』

基本的な総合力と国語力は「岩波ジュニア新書」シリーズと高校の教科書を再読すれば身につく。

『受験ジャーナル・公務員試験直前対策号（上級職）』（実務教育出版）

白書や憲法、行政法、経済等の要点がコンパクトにまとめられている。毎年、この本を通読するだけで、相当勉強になる。毎年の必読書。

『WEBLINK　地方公共団体総覧』（ぎょうせい）

WEB＋冊子。地方自治体の基礎データが載っている。

『WEBLINK　最新行政大事典』（ぎょうせい）

究極の行政百科事典。最新情報が常に更新され続ける。ちょっと、値段が高いのが難点。担当課で購入すべき。

『朝日キーワード』（朝日新聞社）

時事問題は、この一冊でカバー。

『現代用語の基礎知識』（自由国民社）等の用語集。

現代の百科事典。

『うかるぞ行政書士』『まる覚え行政書士』（週刊住宅新聞社）

一般教養と時事問題の整理に利用。

(7) あなたを守る一冊

自分の身は自分で守ろう。組織はあてにならない。いざとなったら、都道府県の弁護士会へ相談。

『定本　危機管理』（佐々淳行　ぎょうせい）

危機管理の大御所との対話はこの一冊から。

『Q&A地方公務員の個人責任』（ぎょうせい）

地方公務員の個人責任の危機管理マニュアル。

『Q&A地方公務員の勤務時間・休日・休暇』（ぎょうせい）

『図解　自治体職員のためのトラブル解決事例集』（石川公一　ぎょうせい）

実際に自治体現場で発生したトラブル事例をQ&Aで解説。

『こんなときどうする　公務員のためのクレーム対応マニュアル』（関根健夫　ぎょうせい）

具体的なクレーム対応の会話集。一読して、具体例をインプットするといい。

『行政対象暴力Q&A（改訂版）』（行政対象暴力問題研究会編　ぎょうせい）

クレーマー対策のノウハウ集。安いのでマニュアルとして装備すべき。いざというときまで読む必要なし。いざという時が、こないことを祈る。

『これからこうなる　消費者行政』（村千鶴子　ぎょうせい）

消費者庁の役割や組織、権限、自治体の責務などをわかりやすく解説。

『悪徳商法の手口を見抜く』（高田橋厚男　ぎょうせい）

悪質な消費者犯罪が増加中。カルト、マルチ対策に常備。

『Q&A敷金・保証金トラブル』（東京弁護士会　ぎょうせい）

私は、消費者犯罪には容赦しない。

(8)危機管理

『定本　危機管理』（佐々淳行　ぎょうせい）

『自然災害の危機管理』（佐々淳行　ぎょうせい）

自治体の災害対策の具体策の究極のマニュアル。

『危機の政治学』（佐々淳行　文春文庫）

『連合赤軍あさま山荘事件』（佐々淳行　文春文庫）

危機管理は、佐々淳行先生の本を読みこなして実践すれば大丈夫。

(9)総合政策力UP

総合政策力は「岩波ブックレット」と『岩波ジュニア新書』（簡単でコンパクト）を読みこなせばつく。そして、専門分野の良書を読む。たとえば、地方税の担当になったら、初歩的な勉強と一緒に「**月刊税**」（ぎょうせい）で、他の自治体の動向を知り広域的な視野で政策を行う。

『欧米のまちづくり・都市計画制度』（伊藤滋他編著　ぎょうせい）

広域的な視野から「都市政策」を見つめた一冊。

『ニッポンの農業』（林雄介　ぎょうせい）

農業振興はもちろん、他の産業に普遍的な地域特性を活かした地域振興、ブランド戦略から適材適所の人材配置、苦手な人間の対処法、地域リーダー育成方法まで書いた政策立案の絶対必読の基本入門書。

「**月刊税**」（ぎょうせい）

地方税を支援する実務総合誌がキャッチフレーズの月刊誌。

「**月刊地方財務**」（ぎょうせい）

地方の財政施策のアイディアが詰まっている。

「**月刊地方自治**」（ぎょうせい）

組織に最低一冊備えるべき。総務省行政局の公式見解雑誌のような内容。

「**月刊ガバナンス**」（ぎょうせい）

総合的な地方自治の情報収集には欠かせない。ほとんどの首長、自治体幹部がこの雑誌を読んでいる。必読書。

⑽人間関係とストレス・ケア

ストレス・ケアはＴＦＴ。日々の生き方は「選択理論心理学」でＨＡＰＰＹに生きていける。うつ病やメンタル・ケアの本はどの本がいいということではなく、気に入った本があれば読んでみるとよい。

①健康管理

『家庭の医学』（保健同人社）

基本書として常備。

『食べて治す医学大辞典』（主婦と生活社）

『白隠禅師・健康法と逸話』（直木公彦　日本教文社）

自律神経失調症を調整する簡単な内観法のやり方が書かれている。白隠の「夜船閑話」を図書館で借りられれば、同じことが書いてある。

②選択理論心理学

『幸せを育む素敵な人間関係』（柿谷寿美江　ＮＰＯ日本リアリティーセラピー協会）

日本リアリティーセラピー協会のＨＰ

http://www.choicetheorist.com/

選択理論心理学を簡単に学べ、実践できる。日本リアリティーセラピー協会で、正式に選択理論心理学の実践研修を行っている。

③ＴＦＴ（思考場）療法

『ＴＦＴ（思考場）療法入門』（ロジャー・Ｊ・キャラハン　春秋社）

ＴＦＴ（思考場療法の入門書）、セルフ・ケアにはこれ一冊で十分。ただし、前置きが長いので、全国で行われている研修のほうが実用性は高い（研修費用一万八千円）。個人的好みを交えて言えば、研修に関して、確実に内容を保証できるのは、日本ＴＦＴ協会の森川綾女理事長の研修。

『ツボ打ちTFT療法』（森川綾女　講談社プラスアルファ新書）

※森川綾女氏のHP　http://www.tftjp.com/

※日本TFT協会のHP　http://www.jatfft.org/

④人間関係とコミュニケーション・スキル

『大人の常識・非常識』（佐藤方俊　ぎょうせい）

全編クイズ形式で、自らの習得レベルを確認しながら学べる。

『真心が伝わるお礼状と贈答の手紙の手帳』（小学館）

筆まめは質の高い人間関係構築、維持のために大事なスキル。書店の手紙の書き方コーナーにある好きな本を一冊買っておけば十分。

『綺麗をつくるマナーとことばつかい』（市田ひろみ　池田書店）

『ハンディー・カーネギー・ベスト』（D・カーネギー　創元社）

『人を動かす』『道は開ける』『カーネギー名言集』の三部作。不朽の実践書。必読。

『君主論』（マキャベリ）

善人の皆さんが悪人にやられないために必要。

『話し方入門』（D・カーネギー　創元社）

話し方の秘訣は、何冊か話し方の本を読んで場数を踏んで場慣れすること。知識より場慣れが重要。

『孔子、人間どこまで大きくなれるか』（渋沢栄一　三笠書房）

渋沢は日本の近代会社の生みの親。

『運命を拓く』（中村天風　講談社文庫）

中村天風は政官財の相談役。

『幸福なる人生（中村天風、心身統一法講演録）』（中村天風　PHP）

『運命を創る（安岡正篤、人間学講和シリーズ）』（安岡

正篤　プレジデント社）
　平成の起草者。昭和の政財界人に大きな影響を与えているので、安岡正篤の本を10冊くらい読むといい。
『人生心得帖』『社員心得帖』（松下幸之助　ＰＨＰ）
　松下幸之助の人間力を知ってもらいたい。
『自省録』（マルクス・アウレリウス　岩波書店）
『仏教概論（わかりやすい仏教）』（曹洞宗宗務庁）
　高校用の仏教と世界宗教の教科書、すごくわかりやすい。
『陰騭録』（袁了凡　明徳出版）
　良いことをして運命を改善しましょうという本。善徳思想といい、古典のベストセラーだった本。
『三国志』（吉川英治　講談社）
　吉川英治や司馬遼太郎等の歴史小説を大量に読んで自分なりの生き様、人間観察のヒント集にして欲しい。

『政と官』（後藤田正晴　講談社）
　私の場合、最後は後藤田元副総理に行きつく。
『21世紀への委任状』（宮沢喜一　小学館）
　後藤田副総理、宮沢元総理ともに、頂点をきわめた方だから、著作は全部読んだほうがためになる。

⑾知的生活のために

『学問のすゝめ』（福澤諭吉）
　1章だけでいい。あとは自慢。学問の大切さ重要さをわかりやすく解説。
『自助論』『向上心』（スマイルズ　三笠書房）
『知的生活の方法』（渡部昇一　講談社現代新書）
　いわずとしれた不朽のベストセラーです。知的に生きる基本。
『眠りながら成功する』（J・マーフィー　大島淳一訳　産業能率大学出版部）
『あなたはこうして成功する』（大島淳一　産業能率

大学出版部）

『マーフィー100の成功法則』（大島淳一　三笠書房）

大島淳一は、「知的生活の方法」の渡部昇一上智大学名誉教授のペンネーム。学者や公務員という職業の人間が、自己実現や「お金の問題」をどうすべきか？ということをマーフィーの法則を海外留学中に知った渡部昇一が書いた本。

『孫子・呉子』（明治書院）

戦い方は、人生の指針。私は、平和な社会を築くために戦争のノウハウを研究している。

『論語』『大学・中庸』『孟子』『老子』（岩波書店）

この四冊を読みこなすと、人間性が向上する。

『菜根譚』（岩波書店）

知的に悠々と生きる公務員ライフのヒント集。

『岩波文庫』

岩波文庫の古典、特に儒教、老荘思想、仏教の東洋思想を読めば生きる指針、マイルストーンが自分で見つけられ、人間力もＵＰする。

『アンネの日記』（アンネ・フランク　文春文庫）

この日記を読むたびに、平和な社会の大切さ、思想、言論の自由の大切さを再確認する。自分なりの大切な本を持つことが大事。私にとってはこの本。

⑿人生を楽に生きる本

自分が楽しめる音楽、漫画、そういう楽しいものも探すべき。

『美貌の果実』『笑う大天使』『ブレーメンⅡ』（川原泉　白泉文庫）

川原泉さんのように、澄んだ心で気楽に生きたいものだ。自分にとり無条件で「心が休まる本や漫画」を大切にしてほしい。

『ブッダ』（手塚治虫　潮出版社）**『火の鳥』**（手塚治虫　角川書店）**『銀河鉄道999』**（松本零士　小学館）**『風**

の谷のナウシカ』（宮﨑駿　徳間書店）

どう生きるか、どう死ぬかを肩の力を抜いて考えられる漫画。人生は深刻に考えても、気楽に考えても結果は同じと割り切るのも一つの生き方。自然体で自由に生きるのも選択。

『劇場版映画ドラえもん』（藤子・Ｆ・不二雄　小学館）

映画のドラえもんを漫画化。漫画は、童心に帰ることができるものがいい。あとは、アットホームなもので感動できるもの。柔軟性が向上する。

『めぞん一刻』（高橋留美子　小学館）

読み返すたびに、普通の暮らしっていいと思う。自然体で、見栄も肩肘も張らず、幸せに生きる。

『にんげんだもの』（相田みつを　角川文庫）

素朴に生きよう。

『農的に生きる時代』（大塚勝夫　家の光協会）

等身大で自然と共生して知的に生きる。

『私のあしながおじさん』（竹書房）

世界名作劇場の小説版、感涙の一冊。

⒀ 政治学

『政治がわかる　はじめての法令・条例・政策立案入門』（林雄介　ぎょうせい）

公務員必須の政策立案や国からの予算獲得方法と著者の公務員向け研修で、幅広い年齢層の読者から質問が多かった職場の人間関係改善法や指定管理者、補助金の扱い方をわかりやすく解説したさらにスキルアップできる公務員の勉強法を紹介した一冊。

『政治と宗教のしくみがよくわかる本―入門編―』（林雄介　マガジンランド）

人間は肩書きに騙される。政治の裏側と仏教にはお墓も位牌も戒名もなかった。マスコミから取材殺到の世界の宗教の裏側をわかりやすく解説した初心者向けの宗教入門書。本書にて、著者に哲学博士が授与された渾身の一冊。

『図解雑学・よくわかる政治のしくみ』（林雄介　ナツメ社）

『図解雑学・よくわかる省庁のしくみ』（林雄介　ナツメ社）

日本の政治から中央省庁のしくみまで見開きでわかりやすく解説。政治と行政、国政と地方自治のロングセラーの入門書。

『政治の教室』（橋爪大三郎　PHP新書）

気楽な入門書。学術的な本。面白い本。

『歴史漫画　大宰相』（戸川猪佐武作　さいとうたかを画　講談社）

小説吉田学校の漫画版。戦後日本政治史が概観できる。戦後日本政治史は教養レベルなら漫画で十分。

『はじめて学ぶ政治学』（実務教育出版）

○基本テキスト**『政治学』**（LEC）

ここでも公務員試験の参考書が役立つ。重要なところだけ書かれているから入門に最適。

『西洋政治理論史』（藤原保信　早稲田大学出版部）

思想史をおさえることが学問向上の鍵。最高の良書だが厚い。政治学に関しては、公務員試験のテキストが一番まとまっている。

⒁経済学

『魔法の経済学』『スキルアップ経済学超入門』（林雄介　翔雲社）

薄く、楽しく、無駄なくだけを追求した本。イラストがお洒落。ただし、本書の付録に経済学用語集をつけた。それで十分。

『Q&A1分間経済学』（西村和雄　日本評論社）

この一冊だけで経済学の知識はバッチリ。

『演習ミクロ経済学』（武隈慎一郎　新世社）

『ミクロ経済学入門』（西村和雄　岩波書店）

『入門マクロ経済学』（中谷巌　日本評論社）
『公務員の教科書（算数・数学編）』（林雄介　ぎょうせい）

経済脳と数学脳を育成する本。公務員バッシングの矛盾も明快に指摘。私に寄せられた対人関係や転職相談の質問への回答も充実させました。公務員はなぜ必要なのか？　赤字事業廃止の間違いとは？　公務員であることに自信を持つためにも絶対必読の一冊。

⑮情報整理

①ＰＣ対策

『５００円でわかるワード』『５００円でわかるエクセル』『５００円でわかるパワーポイント』『５００円で上達する実践ワード』『５００円で上達する実践エクセル』『５００円でわかるホームページ作成』（学研）

５００円シリーズが実務的には一番わかりやすい。無駄なことも書いてない。薄い本で要領をおさえることが実学の基本。

②統計学

『基本統計学』（豊田利久編　東洋経済新報社）
『ＥＸＣＥＬで学ぶ統計解析』（ナツメ社）
『例題で学ぶ初歩からの計量経済学』（白砂提津耶　日本評論社）

2　どのような本を公務員の皆さんは読むべきなのか？

本というのは、法律の本でも、ＰＣの本でも、古典ですら、よく絶版になります。十年前と状況が変わりましたので、基本的な話を書きます。

①オンデマンド出版と電子書籍の普及。この本で紹介した本も絶版本もありますが、電子書籍化されているものも多く、また、今後、電子書籍化が見越される名著も多いため、「絶版」という概念が近年はあまり考慮する必要がないこと。

②図書館の利便性の向上、著作権切れの本の国会図書館のネット公開、他の図書館の本を借りることが可能になったため、購入は難しくとも図書館等で購読可能であること。

③似たような本を買う。例えば、「５００円でワード」という本を売っていなくても、「要するに、５００円～一千円くらい」で買える薄いワードやスマホ、あるいはエクセル等の使い方の本を買ってきて読めばいいということです。家庭の医学でも、書籍版ではなくアプリ化されていたりします。そういう時は、アプリ購入でもいいし、似たような書籍を買ってもいいと思います。

④資格試験の教科書は変わらない。芦部信喜の「憲法」はこの本の旧版が出た時に、ちょうど司法試験の教科書として定着しました。**法律の権威というのは、二十年～三十年は変わりません。**試験に関する限り、学会の権威は、簡単には変わりません。そして、弟子があとをつぐた

め、結果的に、憲法解釈も芦部憲法の流れの学者が次の権威になるのです。経済学でも、社会主義系はマルクス。自由主義はアダム・スミスの流れです。

仏教は、釈迦の流れ。儒教は孔子の流れです。根っこになっている思想さえ押さえておけば、良いのです。「枝、枝葉末節の部分に固執すると大局的判断を必ず間違えるのです」大局判断ができない例として、たとえば、アニメで地域振興がはやったら、みんな自治体がアニメをやるのですが、九九％の自治体コラボ・アニメは失敗しているのです。

普遍的知識としての古典

古典というのは、普遍的なものです。普遍的なものを、現代流にアレンジすればよいのです。

マニュアル人間にならないように！

古典の知識も、時代によって変えなければいけないことがあります。この本で紹介したやり方、この本で紹介した本も、「古典」は図書館で探せますが、「実務書」は流行があります。受験勉強でも、参考書を具体的に一冊教えて欲しいという質問をよく受けます。しかし、完璧な「参考書」はありません。**あなたに必要な本は、「あなたと相性がいい本」です。**

本を選ぶ失敗を繰り返さないと、「いい本」を自分で探すことはできません。よさそうな本を買ってみても、「あまり自分にはあわないということはよくあります」。その繰り返しで、「だんだん、本を見る目が肥えていくのです。」

皆さん自身の得意分野、例えば、「バイクであったり、ファッションであったり、趣味や得意分野の審美眼というのは自然と高まっているはずです。」本や勉強も同じです。

古典であれば、儒教の基本テキストは、「大学・論語・孟子・中庸」の四冊です。しかし、実務書は、似たような本がたくさん出ますから、この本でも実務書を紹介はしましたが、「同じ本」を買う必要はありません。似たようなコンセプトで、**「自分がいいな」と感じた本を読めばいいのです。**

一番いいのは、本屋に買いに行くこと。県庁所在地の一番大きな書店か、一番有名な大学の生協にいって、「営業」の本なら、「営業」ジャンルの部分から、フィーリングで選ぶ。

また、ネットで特に数千円の専門書で買うべきか?どうか迷ったら、図書館で借りるべきです。三千円以下の本は、フィーリングで買う。三千円を超えたら、「現物を見ない限り買うべきではない」。本の購入の秘訣、三千円で線引きする。

同じ著者の本をたくさん読む

読書の秘訣1、同じ著者の本をたくさん読む。経営学者のドラッカーでも、安岡正篤でも、何十冊も本を出している人は、「似たようなこと」を書いています。ネットの書評で、「似たようなことを書いているから、この本だけ読めばいい」という書評を見たことがありますが、逆です。「似たようなことを書いている人の方が、大事なことを覚えやすい」のです。

一九八〇年代に、**『マーフィーの法則』**という本がブームになりました。中身の論評はしませんが、「要するに、潜在意識に働きかければ、人生は成功する」という自己暗示の本です。日本でも二十冊ぐらい翻訳されていますが、「似たような話を切り口を変えて、書いているだけ」です。そこで、書評では、代表作一冊を読めばいいという話になるのですが、私は、逆に、二十冊全部、読むべきだと思うのです。そうすると、「どの部分が似た話なのか?」がわかります。『マーフィーの法則』は自己暗示の本ですが、上智大学名誉教授の渡部昇一氏が三十代前半の欧米留学で見つけ、学者が「自己実現」や「成功」するにはどうしたらいいのか?ということを学んだ本です。ですから、研究者や公務員のように公益性がある職業人には、大島淳一（渡部昇一）のマーフィー本は参考になると思います。

私は、大学一年生の時に、経済学史の本を、家庭教師で一時間ぐらい電車に乗っていますから、その間に、一冊、二冊と読んでいき、一年で十冊か二十冊読みましたが、近代経済学はアダム・スミスがはじめた。リカードとマルサスが出てくると、学者によって専門書の切り口は違いますが、「十冊中十冊に書いてあることは、経済学史的に重要なこと」です。憲法も、「戦前・戦後の有名な憲法学者の本を読む」と、どういう流れで今の憲法解釈になったのか？がわかります。

もしも、私がPCのことを学びたければ、図書館でPCと書いてある本を、二十冊借りてきて、読む。そうすると、だいたい、PCについてわかります。

仕事でも、競馬の仕事をやったときは、競馬と名前が付く本は片っ端から読んでいく。狂牛病を担当したときは、BSEというタイトルの本が大量に出ましたから、買えるだけ買って仕事の合間に読めるだけ読む。その繰り返しです。

本というのは、一度、読み方のコツを体得すれば、「自然」に無駄なく読めるようになるものです。

本は、参考文献が出ていますから、参考文献の中から、興味がある本を読む。そうすると、次も、参考文献が出てきますから、また、次を読む。何冊か関係している本を読んでいると、「同じ本」が何回か出てきます。それが、「その分野の必読本」です。

専門家や学校で教わらなくても、「参考文献」に何回も出てくる本が必ずある。それが、どんなジャンルでも、必読書です。


今回の、新装改訂版では、「必読書」の探し方を学んで欲しいと思うのです。

試験勉強と読書はやり方が異なる！

読書や、本の読み方、選び方は、二種類あります。

公務員というのは、三ヶ月くらいで自分の部署の仕事を把握しないといけない。そうすると、二年も、三年もかかる勉強をしていたら間に合わないのです。ですから、「①薄い本、②マニュアル、③法律を読めばいい。」これが、この本で書いた秘訣です。

大学入試というのは、高校三年間で、志望大学の合格ラインまで到達しないといけない。そこで、過去問を中心に、合格ラインは七割ぐらいですから、一冊の参考書や問題集に絞って、九割を目指さずに、受験科目全体で七割になるように受験計画を立てます。

読書は、ゴールがないのです。正確には、「仕事」で使う実務書は、「大学入試」型のやり方でいいのです。完璧な実務書などありません。七割、書いてあれば、十分だから、一冊に絞って、七割、覚える。

読書というのは、「国語力」「人間としての総合力」を高めることが目的ですから、「ゴール」は退官ではなく、「死ぬ時」ですから、同じ著者やジャンルの本を何十冊も読めばいいのです。「仕事と試験」は、期限が区切られていますから、そういう時は、七割完成の勉強法で、課題をクリアーしていく。「読書」は、期限がありませんから、試行錯誤しながら、古典や興味がある本を読んでいく。

一つの分野に、三年～五年。経営なら経営の本を五年読んだら、経営のセミ・プロになれます。経済なら、三年～五年、経済の専門書を読んだら、経済のセミ・プロになれます。十年で二つか三つ分野。二十年で五つ～十分野。三十年で十～三十分野。今、二十代なら、五十代になったときに、十分野のセミ・プロを目指す。

そして、一分野は専門家である。法律職なら法律だけは、市役所なり都道府県庁なり、官公庁で、専門家と呼ばれる、誰にも負けないようにしておく。技術職なら、五十歳になったときには、その分野では、一番、二番になるようにしておく。

「スキルアップ」というタイトルの本ですが、「スキルアップは楽しい」ですよ。「優秀な人は、周囲が大事にしてくれますから」。その人がいなかったら、仕事が止るレベルで優秀な人なら、「周囲が大事にしてくれますよ」。人間として、謙虚に生きないとダメですが、「スキルアップしたら、周囲が大事にしてくれるし、人間関係がいい意味でレベルアップする。」

「人間関係に恵まれていたら、環境がよくなって、周囲が大事にしてくれたら、幸せ」ですよ。十年目の改訂ですから、「スキルアップとは何か？」というお話をしましょう。「小手先のテクニックや、職技能の向上をスキルアップと私は定義していない」。

スキルアップすることで、**「人間関係と環境が、飛躍的に向上し、優秀なので周囲が大事にし**

てくれ、皆さん自身が、非常に幸せ」に感じること。これが、「本当の意味」でのスキルアップです。今、五十歳の人、あるいは退官する人は、これから熱心に十年間、スキルアップしたら、幸せな老後が過ごせますよ。平均寿命が八十歳を越えてますから、七十歳の読者も八十歳前後で、「環境がグンと改善される。」そして、頭を使い続けますから、非常に、「健康で、頭が賢い」。さらに、ストレス・ケアもこの本で学びますから、「病気になっても、周囲よりは悩まない」。禅の言葉で、「不昧因果」というのだけれど、「悟っても、喜怒哀楽、苦しみはありますよ。しかし、因果を理解しているから、**苦しい中でも迷わない。**これが、悟りですよ」と。悟っても、「感情はありますからね。痛みが消えるわけでもない」。「楽しく苦しむ」のが仏教の悟りですからね。仏教の「生老病死」の四苦が消えるわけではないですよ。お釈迦様が、老いて、病んで、死んでますからね。苦しみの道理を理解できて、「無駄に悩まない」ということです。

ネットで情報収集するということについて

国会図書館や審議会の議事録、白書、法令、条例等はネットで閲覧できます。

○ポイント**「信憑性が保障できないものは、仕事で使わない。」**

古典を読む意義

倫理観、論語や孟子、儒教の古典を読む。実務マニュアル、「スキルアップのための本」↓実務に偏重すると人間性が低くなる。そこで、古典を読む。明治書院、明徳出版、平凡社の三社が中国古典の出版社として有名。図書館に必ず置いてあります。一万円前後する本が多いので、図書館で借りて読みます。

明徳出版と明治書院新書は個人が購入可能な値段です。しかし、大型本で一千ページ以上の本の抜粋ですから、注意する点があります。「人間関係と政治」というのは、綺麗ごとではなく汚い人心掌握術が必要なことも多い。綺麗ごとばかり言い出すと国の実務が止るのです。しかし、学者は実務家ではありませんから、抜粋本を作るときに、人間の汚い部分をわざと省略することが多いのです。しかし、皆さんが知りたいのは、「実務で使える人間の汚い部分を、どう対処してきたか?」だと思うのです。ですから、手元に抜粋本を置いておいても、「図書館で原本を読むべきです」。

「荀子」や「韓非子」は性悪説で本を書いています。私は性悪説は嫌いです。しかし、実務で必要な知識は、「荀子」や「韓非子」の性悪説なのです。

「宋名臣言行録」、「小学」(朱子編纂)、これは、中国のコミュニケーション術の基本書です。ただし、抜粋本は、「綺麗ごと」ばかりなので、図書館で原本を借りて、現代語訳だけでも読んでください。

四書五経の「礼記」も国政の必読書です。中国人というのは、儒教、仏教、老荘思想、道教を必ず兼学し、バランスを取ってきました。中国の古典は、全て公務員のために書かれた本です。儒教で実務をやり、「老子」「列子」「荘子」の老荘思想で心身のバランスをとってきたのです。菜根譚も三学兼学の著です。

林雄介の本を読む順番

『新版　絶対・わかる法令条例実務入門』→『新版　絶対スキルアップする公務員の勉強法』→『政治がわかる・はじめての法令・条例・政策立案入門』（国際法や英米法の違いを突っ込んで書いてある。簡単に書いているが、勉強している部分を反映しているので、古い本ほど簡単）

旧本以降、知事や市長、政治家のマニフェストを頼まれることが増えたので、後のほうの本は、都道府県庁全体、市町村庁全体の大きな話になっている。国会議員等にレクチャーした話がベースになっているので、二十代で読んでもわかりづらい。読者が管理職になったので、部課長マニュアルとしても使えるようにしてある。しかし、こうした本は、大学生や二十代の若い時に読んでおけば、出世できる。本は、二十代、三十代、四十代で理解度が異なるので、何回も繰り返し読み返せばよいのです。

第7章

パワーアップ！　教養経済学入門

「経済学がなぜ、いま必要なのでしょうか？」

私は、公務員に限らずすべての人に、お金に関する知識、健康とストレス・ケアに関する知識、リーガルマインド（法律に関する知識）、人間関係を円滑にする知識が必要だと思っています。

経済学は、日本や世界のお金がどう動いているかの知識です。

なぜ、予算が必要なのか、市民（国民）の行政に関する興味が高まり、情報格差もなくなりつつあります。ですから、どういう理由でこのセクションに予算が必要なのか、これはすべて経済学的な理論的裏づけがあってのことです。

次に、財政学も経済学の一分野です。どのような状況なのかを分析するのが経済学で、それに対応する処方箋が法律です。ですから、経済と法律は相互に補完しあって存在しています。両方、大事です。この二つの基本的知識があって、次に各セクションの専門知識が活かされるのです。

⑴ 教養のミクロ経済学

経済学ってなに？

経済学理論には、**マクロ経済学**と**ミクロ経済学**の二つがある。

ミクロ経済学というのは、家計や企業や政府の合理的行動を分析する。例えばユミちゃんという女の子がいる。この女の子の家にはサラリーマンのお父さんがいる。ユミちゃんの家が、どんな時に買い物をして、いくら位の貯金をするのか、またお父さんの会社は菓子の会社だが、どれくらいのお菓子を作ってどれくらい販売するのかを観察するのがミクロ経済学である。

ミクロ経済学は、消費者や企業の行動を分析するから、どんな行動を取るか考えるという**予想する楽しみ**もある。

一方のマクロ経済学は、もっと大きな単位で経済を見る。日本全体でいくら位の生産量があるのか、お金の動きはどうなっているのかを考えるのがマクロ経済学である。

経済学の目的

経済学の目的は、みんなが豊かに暮らすことができる社会を作ることにある。例えば、ケインズは、世界恐慌の中で大量の失業者問題を解決するためにケインズ政策を考え出した。

消費者理論、ミクロ経済学を学ぶメリット

ミクロ経済学では、個人や企業の行動を予測する。例えば、将来の満足度を計算することで、一番効率的なお金の使い方がわかる。百万円持っている人が、収入や銀行の利子等を計算してどの時期にいくらずつ使うのが一番有効なお金の使い方なのか、いくら位の保険に加入するのが得なのか、個人が一番得をするお金の使い方を知ることができる。

実際の保険もこうしたミクロ経済学の考えに基づ

いて保険金の額や毎月の支払額を計算している。

企業にとってミクロ経済学は、設備投資をどれくらいしたらいいのか、従業員を何人雇ったら一番利益が上がるのか、商品をどれだけ作ると一番儲かるのか、そういったことを考える。つまり、企業は利潤を上げようと思ったらミクロ経済学を勉強する必要がある。

消費者理論

消費者理論は、個人の合理的行動を分析をする。合理的行動というのは、自分が一番、得をするようにつまり利己的に行動するということである。消費者の合理的な行動は、自分の満足度を表わす効用を最大にすることである。企業にとっての合理的な行動は、企業の儲け、つまり利潤を最大化するということである。消費者理論では、効用、無差別曲線、予算線、限界効用（ＭＵ）、限界効用逓減などがポイントになる。

経済学の効用（U）

経済学で一番大切な効用とは、消費者の満足度である。効用は個人によって基準が違う。ユミちゃんがアイスクリームを食べてうれしいなあと満足する心が効用。これは人それぞれ異なる。これは当たり前のことである。つまり、**経済学は当たり前のことをさらに深く追求しているだけで、ちっとも難しくない。**

無差別曲線

経済学ではどうしたら効用が大きくなるのかを考えるために無差別曲線というグラフを作った。

ユミちゃんの好きなチョコレートとアイスクリームの二つを縦軸と横軸にとったグラフである。ユミちゃんがチョコレートとアイスクリームを食べた満足は、一定している。チョコレート二個とアイスクリーム三個の満足度が五〇とすると、チョコレートの数を一個減らせば、その分アイスクリームの量を増やさなければユミちゃんの満足度は減ってしまう。そこで、チョコレートが一個の時は、アイスクリームの数を四個に増やす。これでユミちゃんの満足度は五〇のままである。

こんな簡単なことだが、経済学部で勉強する最初の授業がこの効用と無差別曲線の話なのである。

限界効用（MU）

教科書的に説明すると限界効用というのは、二財のうち片方を固定しておいてもう片方の財を追加的に一単位増加させたときに得られる追加的な効用のことである。これではよくわからない。ユミちゃんに登場してもらおう。ユミちゃんはチョコレートとアイスクリームが大好き。いま、チョコレートを一個とアイスクリームを一個持っている。このとき、五百円の小遣いでアイスクリームだけを買う。するとアイスクリームの数が二個、三個と増えていく。このアイスクリームが増えたことで、アップする満足度が限界効用である。限界効用は、アイスクリームの数が増えるほど低くなる。

暑い夏の日にアイスクリームを買ったときには、本当においしいなあと思うが、アイスクリームを二個も三個も食べたら飽きてしまう。このことを経済学では、限界効用逓減と言っている。限界効用は、追加的に財を増加させることで得ることができる追加的な効用だから、財が増えれば追加的に得られる効用も減少する。

予算制約

消費者の満足度である効用は、財を多く消費すればそれだけ多く得ることができる。しかし、実際には、消費者が持っているだけの予算の範囲内でしか商品を買うことができない。これを予算制約という。

チョコレートの値段×チョコレートの数＋アイスクリームの値段×アイスクリームの数＝お小遣い

Ｐｘ・Ｘ＋Ｐｙ・Ｙ＝Ｉ（Ｐｘ：Ｘ財の価格、Ｐｙ：Ｙ財の価格、Ｉ：収入）となる。

消費者均衡

消費者理論もついに佳境。消費者均衡というのは、消費者は、効用を最大にするために、予算の制約内の組み合わせを見つける。この時、一番満足できる組み合わせのことを、最適消費という。最適消費は無差別曲線と予算制約線の接する点になる。

所得消費曲線

財の価格が一定で所得の増減が起こったときの需要の変化をつないだ線。

上級財

所得消費曲線は、所得の変化に対応する需要の変化を表現している。この時、所得が増えれば、消費量が多くなる財を上級財という。

下級財

所得消費曲線は、所得の変化に対応する需要の変化を表現している。この時所得が減れば、消費量が多くなる財を下級財という。二財モデルでは、下級財が存在すれば、もう片方の財は必ず上級財になる。

エンゲル曲線

縦軸に所得、横軸に財をとって、所得の変化による需要量の変化を図示したものがこの曲線。上級財は、右上がり、下級財は左上がりの曲線。

代替効果

ある財の価格の増加（低下）で他の財に与える消費量の変化。

所得効果

価格が上昇（低下）したときの、消費者の購買力が低下（上昇）したときの需要量の変化。

代替財

二財のうち片方の価格が上昇すれば、消費量が増える関係にある財。逆に、片方の財の価格が安くなれば、消費量は減る。

補完財

二財のうちである財の価格が上がったときに、もう片方の財の消費量が低下する関係にある財。

生産関数

企業が商品を生産するために必要な要素を使って作ることができる生産量の関係を数式化したもの。生産に使用されるのは労働（L）と資本（K）の二つ。

等量曲線

同じだけの生産をすることが可能な労働と資本の生産要素の組み合わせ。

技術的限界代替率（RTS）

片方の生産要素（L）を追加的に一単位増やしたときに、生産量を変化させないで減らすことができる他方の生産要素（K）の割合。

限界生産物（MP）

生産要素を一単位追加したときに得られる追加的な生産物。計算するときは、生産物Yを、生産要素（労働、資本）で偏微分して求める。

限界生産力逓減

限界生産力（MPL）は、労働投入量が増加すれば追加的な生産物の量は減少していく。

平均生産物（AP）

総生産量を生産要素で割ったもの。

利潤最大化

企業が、利潤を最大化できるのは限界生産物と実質賃金が一致するとき。

「MPL＝W／P」は、利潤最大化条件。

規模に関して収穫一定

すべての生産要素を一定の割合で拡大したときに、生産要素を二倍に増やすと、生産量も二倍になるような場合、つまりK倍に生産要素を増加させると、生産量もK倍になるような生産関数を規模に関して収穫一定という。

規模に関して収穫逓増

生産規模が大きくなると、限界生産物が増加していくケース。

規模に関して収穫逓減

規模を大きくしても収穫が落ちてくる。

経済学的な短期

短期は、時間の長い短いではなく固定費用が変えられない期間。

経済学的な長期

長期は、固定費用を変えることができる期間。

可変費用（ＶＣ）

自由に変えることができる費用のこと。企業は、短期には可変費用を調整することで利益を上げようとする。

固定費用（ＦＣ）

簡単に変えることができない費用。長期には固定費用は存在しない。

総費用（ＴＣ）

短期の総費用は、固定費用と可変費用の合計。長期の場合は固定費用が存在しないから、総費用は可変費用に等しくなる。

利潤

利潤は儲け。企業は利潤を最大化するために行動する。利潤は、総売上から総費用を引いた額。

売上

価格×売れた個数＝売上

利潤の求め方

ｒ（利潤）＝ＴＲ（総売上）－ＴＣ（総費用）

Ｓ字型関数

短期の生産関数は、初期の場合には収穫逓増が見られ、次第に一単位あたりの生産力が低下していき、収穫逓減が見られるようになる。

限界費用（ＭＣ）

総費用曲線の接線の傾き。生産物を一単位追加的に生産するのに必要な費用。

損益分岐点

利潤がゼロになってしまう価格。しかし、操業を続けることで固定費用の回収が可能。

操業停止点

可変費用の回収すらできなくなる価格。

利潤最大化条件

短期の利潤最大化条件は、P（価格）＝MC（限界費用）のとき。

長期の総費用（LTC）

短期の費用曲線の最適生産量の集合が長期費用曲線になる。

長期の平均費用（LAC）

短期の平均費用曲線は一点で長期平均費用と接している。

長期の企業行動

固定費用を変えることができる長期均衡は、利潤がゼロになるところまで企業の参入が続く。利潤がゼロになるところが長期均衡。

完全競争

完全競争が行われる市場は、需要者と供給者がたくさんあって自由に競争が行われている。

プライス・テイカー（price taker）

完全競争市場では、市場で決定した価格を所与（与えられたもの）として、企業はその価格で利潤を最大化できるような生産を行う。

不完全競争

独占や寡占、複占のように完全競争が行われていない状態。

参入障壁

他の企業の参入を妨げる障壁。特許や規模の経済が働く産業などで見られる。

独占

独占は、市場に供給者が一社しかないこと。独占が起こっている場合には、完全競争のときよりも価格は高くなる。供給量も少なくなるので社会的にみて望ましくない。

独占企業

独占企業は市場の価格を自分たちで設定することができる。また、独占企業の供給がそのまま、市場の供給曲線になる。そのため、独占企業の生産量や価格が市場を支配している。

独占利潤

独占企業の利潤が最大になるのは、MR（限界収入）＝MC（限界費用）のとき。

自然独占

ガスや電力事業のように巨大な生産設備が必要な産業では、生産規模が大きくなる方が生産効率がよくなる。規模の経済が働く産業では、自然に独占が生じる。

エッジワースのボックス・ダイアグラム

ボックス・ダイアグラムは、二人の消費者が市場で二財を交換するというモデルの分析。

契約曲線

消費者二人の無差別曲線が接する点の軌跡のこと。

パレート最適

他者の効用を低下させることなく、別の経済主体の効用を増加させることのできない状態のこと。契約曲線上では、パレート最適になっている。

パレート最適条件

MRS（Aさん）＝MRS（Bさん）がパレート最適条件。契約曲線の上ではAさんとBさんの限界代替率が等しくなる。一般均衡は、パレート効率的ですから、二人の限界代替率が等しいときは、パレート最適条件。

端点解

無差別曲線が、ボックス・ダイアグラムの外範囲外で接しているとき、無差別曲線は、ボックスの外枠になる。この時の均衡解が端点解。

労働と余暇

労働者は、所得と余暇から効用を得る。

後方屈曲供給線

労働の供給は、賃金水準で決定される。消費者は、賃金水準が高くなればたくさん働いて所得を増やそうとするので労働量が増える。しかし、賃金水準が一定水準を超えると、充分に所得を得られるので今度は逆に、働くのをやめて余暇を選択するようになる。そのため、労働供給は後方に屈折した形になる。

オッファー曲線

消費者が保有している財を売却することで、購入することができる需要の変化を表わしている。

補償原理

二つの効用の組み合わせであるUとVを比較する時に、Uで不利益になる個人に補償を与えることで、VからUへの移行を可能にできるかどうかを判定する方法。

カルドア改善

経済の状態が変化したときに、その変化によって利益を得た人々から、損をした人々に適当な補償を行うとする。損をした人々はその補償によって少なくとも以前の満足に戻り、なおかつ利益を得た人々には、補償後も依然として利益が残るとき、この状態をカルドア改善という。

ヒックス改善

ある移行の逆の移行がカルドア改善ではないときのことをいう。ピックス改善では、不利益を被る個人が存在するので必ずパレート改善を伴うとはいえない。

シトフスキーのパラドクス

カルドア改善、ヒックス改善で、ある経済の状態の移行が改善であり同時に逆に戻る移行も改善になるという矛盾のこと。

寡占

独占とは違って、供給する企業が一社ではなく少数存在する状態。

クールノーモデル

市場に二社が存在している場合、互いに相手企業の生産量が固定されていると考えて、自社の利潤を最大化できるように自社の生産量と価格を決定しようとするモデル。

クールノー均衡

クールノーモデルの均衡をクールノー均衡という。パレート最適ではない。

ベルトラン・モデル

企業が相手の企業の製品価格が一定であると想定して利潤の最大化をはかるモデル。

シュタッケルベルグ均衡

シュタッケルベルグ・モデルでは、相手の企業の反応曲線を使って自社の利潤を最大化する。反応曲線を利用する側を先導者（リーダー）、先導者の反応曲線に従う企業を追随者（フォロワー）という。

外部効果

外部の行動が経済的な影響を与えることがある。これを外部効果という。外部効果は、当事者以外の主体の行動でもたらされる経済的な効果のこと。

外部不経済

外部効果が他者にマイナスの効果を及ぼすもの。

コースの定理

外部不経済の発生者が被害者に貨幣を支払っても、被害者が発生者に貨幣を支払っても外部経済を減らしてもらっても実現する資源配分は効率的になるというもの。

ワルラス均衡

価格の調整速度よりも、需給量の調整速度の方が速い市場を想定している。市場で、需要が不足すると価格が安くなる。逆に、供給よりも需要が多くなると価格が上昇する。これが、ワルラス的調整と呼ばれる市場均衡に至るメカニズム。

マーシャル均衡

価格の調整速度が数量の調整速度よりもはるかに速い市場を想定している。供給が需要を上回っていた場合には、先に製品の価格を下げてから、徐々に生産規模を縮小して生産量を落としていき需要に近づけていく。このようにして、市場均衡点に向かっていくメカニズムがマーシャル的数量調整過程。

公共財

公共財の特徴は非競合性と非排除性。

公共財の需要

公共財の需要は、公共財を使用する人の公共財に対する需要曲線を垂直に足したもの。

公共財の供給

公共財は、個人の限界代替率（ＭＲＳ）の合計と社会的限界費用が等しくなる量が供給される。

フリーライダー

公共財の費用の負担をしないでただで使おうとする人のこと。

情報の非対称性

売り手と買い手の情報に格差があることを情報の非対称性という。

逆選択

情報の非対称性のために、質のよい財あるいは人よりも質の悪い財が選ばれることを逆選択という。

シグナル

逆選択を防ぐための手段。就職市場での資格や学歴などは、その人物をはかる尺度になる。

モラルハザード

契約の成立によって、一方が行動を変えて、他方が契約前に想定していた状況がもはや適合しないことをいう。

インセンティブ契約

モラルハザードの危険を回避するために、保険の加入者に自己負担などを負わせる。これをインセンティブ（動機づけ）契約という。

比較生産比説

イギリスの経済学者リカードの比較生産費説は、二国間で異なる生産技術を持つ場合の二財の貿易を想定している。二国が互いに比較優位にある財を生産して貿易すれば二国全体では得意なものだけを生産しているから、貿易をする前よりも安く生産することができる。両国では、貿易前よりも効率的に財を生産することができるようになる。これが、貿易をすることの利益である。

完全特化

リカードは、双方の国が得意な財の生産を行うことを特化といった。完全特化というのは、互いに比較優位な財の生産だけを行い、貿易し合うことをいう。

ヘクシャー・オーリン・モデル

新古典派の生産関数を前提に各国はより豊富に存在する資源をより集約的に投入して生産する財に比較優位をもつと考えた。

レオンチェフの逆説

ヘクシャー・オーリンの定理は、アメリカに当てはめると、資本が豊富なはずのアメリカが労働集約的な財を輸出して、資本集約的な財を輸入している。

(2) 教養のマクロ経済学

マクロ経済学は集計量として、経済主体の動き・世界経済の動き・失業率・ＧＤＰなどを分析する。そして、景気対策や失業政策などを扱う。ミクロ経済学は消費者や企業を分析の対象にするが、マクロ経済学はもっと大きな国や世界の経済の分析を行っている。日本の経済政策もマクロ経済学に基づいて行われている。つまり、マクロ経済学が分かれば、国の経済の動きを予測することも可能になる。

天才ケインズ

ミクロ経済学が、アダム・スミスを始祖としてたくさんの学者の研究の積み重ねで成り立っているのに対し、マクロ経済学はケインズというイギリスの経済学者によって生み出された。

現在の日本の経済政策はケインズ政策に基づいて行われている。ケインズ政策というのは、不況の際に需要を生み出すために政府が公債を発行して公共事業を行い、景気が良くなったら税金の増額で返済するという政策である。

しかし、ケインズやブキャナン等は「民主主義国家では、自分たちの負担がかからない公債の発行は容易だが、一度公債を発行してしまえば、好況になってもその発行を止めることはできない」とケインズ政策の問題点を指摘していた。そして、実際に日本では昭和四十一年までは財政法によって赤字国債の発行が禁止されていた。ところが、不況の際の政治的な圧力でついに赤字国債が発行されてしまった。その後、何度か好景気は訪れたが、ケインズが心配していたように赤字国債の発行額は増額していった。現在では、国と地方を併せて六百兆円以上の借金がある。

これは、与党の政治家が自分の選挙地盤に公共事業を持ってきて、有権者の支持を得るという無責任な行動を取り続けたからである。ケインズ政策は、不況の際に国債を発行して、景気が良くなればその借金を税金の増収で補うというものだった。しかし、政治家が地元に利益を誘導してしまう民主主義国家では、歪められた形でしか実現が不可能だったのである。

ケインジアン

ジョン・メイナードー・ケインズは、一八八三年にイギリスの大学町ケンブリッジに生れました。この年はカール・マルクスが死んだ年。ケインズはケンブリッジ大学に進学し、執筆の傍ら、インド省や大蔵省にも勤務した。そして、集大成ともいうべき『雇用・利子および貨幣の一般理論』を一九三六年に発表して、有効需要の原理を確立させた。

彼は、自分以前の経済学者を古典派と呼んだ。そして、後に彼の経済学の流れを組む学者をケインジアン、アンチ・ケインズの立場をとる学者を新古典派というようになった。現在のほとんどの経済学者は、ケインジアンと新古典派の流れを組んでいる。

新古典派

新古典派は、ケインズの師匠にあたるケンブリッジ大学のマーシャルによって体系化された。アダム・スミスに始まる古典派経済学が、限界革命を経て新古典派へと精緻化された。ケインズとの違いは、市場の自由な経済活動を重視することにある。ケインズは公共事業の実施など、政府が需要を喚起する政策をとることを勧めている。一方、新古典派は政府はなるべく経済に関与しない方がいいという立場をとっている。

セイの法則

なぜ、ケインジアンと新古典派は対立するのだろうか。それは、新古典派がセイの法則を信奉し、ケインジアンが「有効需要の原理」を信奉しているからである。セイの法則は一言でいえば「供給はそれ自らが需要を生む」ということである。例えばあるゲーム会社がゲーム機を販売した。価格は三万円。しかし、売れなかった。そこで、ゲーム会社は二万円に値下げした。すると売れるようになった。つまり、ゲーム機として供給された商品は、売れなければゲーム会社がその値段を下げるので（価格調整）、最終的には安くなってお客さんが買うようになるということである。高い値段で初めは売れなくても、だんだん値下げをしていけば売れるようになるだろうということである。新古典派は、市場では売れないものは値段を下げるために売れるようになると考えている。その前提になっているのがセイの法則なのである。

有効需要の原理

しかし、ケインズは考えた。彼がこの有効需要の原理を考え出したのは、世界恐慌の真っ最中。アメリカでは一千三百万人が失業したといわれている。一九二九年「暗黒の木曜日」と呼ばれた株式市場の大暴落に始まった不況は世界中に飛び火し、ケインズがいるイギリスも深刻な不況に見舞われる。

古典派は、この未曾有の大不況に直面しても有効な解決策を提示することができなかった。セイの法則に基づき、失業者が減らないのは賃金が高すぎるからだと、労働組合を批判した。従来の古典派の考えに立てば、失業者の数に合わせて賃金水準が下がれば、その分仕事が増えることになる。けれども、実際にはどんな低い賃金でも仕事をしたいと考えている人が大勢いるにもかかわらず、仕事がなかったのである。

そこで、ケインズは古典派のセイの法則の有効性に疑問を抱いた。不況の際には、需要そのものが足らないのではないか。そう彼は考えた。そこで、不況の際には消費を増やして社会全体の需要を大きくしなければ、景気は回復しないと。

そして、一番大きな消費者である政府が借金をしてでも国家全体の需要を大きくすれば、景気は回復するはず。つまり、有効需要の原理は「需要が供給を生み出す」というセイの法則と全く反対の考え方になるわけだ。

国民総生産（GNP）

ある一定期間にその国民によって生産されたすべての財、サービスの付加価値の総額を表わしている。

付加価値

経済活動によって新たに生み出された価値のこと。

帰属計算

実際にはその財貨サービスが市場で取り引きされていなくても、それが市場で取り引きされたかのようにみなして、付加価値の計算をする方法。

国内総生産（GDP）

日本の国内で生産された1年間の総付加価値。

国民純生産（NNP）

国民総生産から、固定資本減耗を引いたもの。

固定資本減耗

機械など資本ストックの使用による価値の減少分のこと。生産に使う機械は使用していると、性能が落ちてきて価値が下がってくる。一国全体の価値の低下分が固定資本減耗。

国民所得

国民純生産から、間接税を引いて政府からの補助金を足したもの。別名、要素表示の国民純生産と呼ばれている。

三面等価の原則

GNPの支出面＝分配面＝生産面という原則。支出面には意図せざる在庫品増加、事後の投資を含んでいる。

物価指数

主な物価指数は消費者物価（CPI）や卸売物価指数（WPI）。CPIとWPIは、ラスパイレス価格指数。

基準年

物価を計算するときに基準にする年。一九九五年、二〇〇〇年というように、あらかじめ決めておく。

比較年

物価を計算するときに比較される年。

GDPデフレーター

GDPデフレーターは名目GDPを割って実質GDPを求めるときに使用される物価水準。パーシェ方式で計算されている。

名目GDP

実際の数字に表れてくる目にみえるGDP。

実質GDP

名目GDPを、物価水準で割って求める。

ケインズ型消費関数

消費関数は、国民が所得をどのように消費するかを表わしている。ケインズ型の消費関数は、

C＝a＋bY

で表わすことができる（C：消費、a：基礎消費、b：消費性向、Y：国民所得）。

基礎消費

所得がゼロであっても生活していくために必ず必要な消費のこと。食費や光熱費などは借金や預金を下ろして当てられる。所得の大小には関係なく一定額が消費される。

限界消費性向（MPC）

限界消費性向は、可処分所得が追加的に一単位増加したときに増える消費量の増加分。MPCは、0～1の間にある。

平均消費性向逓減

ケインズ型消費関数は、国民所得が増加すると平均消費性向が逓減する。

クズネッツ型消費関数

クズネッツは、時系列データの結果をもとに平均消費性向一定のC＝αYという、消費関数を明らかにした。短期ではケインズ型の消費関数が、長期ではクズネッツ型の消費関数が当てはまる。

相対所得仮説

相対所得仮説は、デューゼンベリーによるケインズ型とクズネッツ型を説明するための仮説。時間的な相対所得仮説と空間的な相対所得仮説によって両者の違いを説明している。

時間的な相対所得仮説（ラチェット効果（歯止め効果））

所得は過去の最高消費量に依存する。そのため所得が減少しても消費は比例的に減らない。

空間的な相対所得仮説（デモンストレーション効果）

消費者が、他人の所得との比較で効用を得る。そのため、所得に応じて消費が行われなくなる。

恒常所得仮説（ミルトン・フリードマン）

Y（所得）＝Yp（恒常所得）＋Yt（変動所得）

人々の消費決定は、恒常所得の水準で決定される。恒常所得というのは、定額の給与のように、将来も確実に手に入れることができる収入。一方の、変動所得というのはボーナスや宝くじにあたったお金のようにたまたま手に入れることができたお金。

短期

恒常所得の方は、好況でも不況でも一定。短期的には、好況、不況について変動所得によって左右されるので、Yの増加によって平均消費性向が低下したり、逆にYの低下によって平均消費性向が大きくなったりする。そこで、短期にはケインズ型の消費関数になる。

長期

長期には変動所得はゼロになる。すると、消費関数は、C＝Yp（恒常所得）となる。これは、平均消費性向一定のクズネッツ型の消費関数である。

ライフ・サイクル仮説（安藤・モジリアーニ・ブランバーグ）

ライフ・サイクル仮説では、個人の消費行動は一生のあいだに消費することができる所得の総額、つまりは生涯所得で決められると考える。そして、社会全体の消費関数は、C＝aY＋bW。

短期は、Wは一定で、ケインズ型の消費関数になる。長期は、資産Wは所得Yの増加とともに比例的に成長していくため、クズネッツ型の消費関数になる。

均衡国民所得

財市場と貨幣市場が同時に均衡しているときの国民所得。総需要と総供給が等しいところで、均衡国民所得は決定される。この時、Y＝C＋I＋G（総需要）＝C＋S＋T（総供給）が成立している。

45度線分析

ケインズの有効需要の原理をもとに考えられた。45度線は、総供給（C＋S＋T）を表わしている。総需要はY＝C＋I＋Gだから、この総需要と45度線（総供給）が交わる点が均衡国民所得になる。実際の国民所得は、このようにして決定される。

YD＝YS　総需要＝総供給

総需要　YD＝C＋S＋T

総供給　YS＝C＋I＋G

CとS＋T線を加えると、Ys＝C＋S＋Tの45度線になる

Y＊でのみ、Yd＝Ysが成立

完全雇用国民所得

失業がない水準の国民所得。

インフレ・ギャップ

（Y＊＞Yf完全雇用国民所得＞均衡国民所得）

インフレ・ギャップのときには、需要が供給を上回っていて、ほっておくとインフレーション（物価上昇）になる。

政府は、政府支出の削減、増税、金融引き締めを行い消費性向を低下させる必要がある。

デフレ・ギャップ

供給が過剰で、需要が不足している状態。このと

きは、非自発的失業も存在しているから、政府は政府支出の拡大、減税を行い、消費性向を引き上げる必要がある。

貨幣市場

お金とお金以外の財を交換する市場。ケインズは、貨幣需要のうち取引需要と予備的需要は国民所得の増加関数と考えた。

取引需要

お金でものを買ったりするための機能。

予備的受容

将来の投機や買い物に備えて一定額の貨幣を手元に置いておくこと。この二つは、国民所得が増加すれば買い物をする金額も増えるから、増加する。

投機的需要

株や債権を買うために使われるお金。消費者が株や債権を買うのは、銀行に貯金するよりも債権で所有した方が利益がある場合であるから、銀行の利子が高くなれば、株や債権を手放して貯金する。よって、投機的需要は利子率の減少関数となる。

マネーサプライ

現金と預金の合計であるマネーサプライは、Ｍ＝Ｃ＋Ｄという式で表わされる。Ｃは現金、Ｄは預金。

Ｍ１

Ｍ１というのは、現金通貨＋要求払預金（普通預金＋当座預金）の合計のこと。

Ｍ２＋ＣＤ

Ｍ１に定期預金も加えたＭ２にＣＤ（譲渡制預金）を加えたＭ２＋ＣＤをマネーサプライとして扱っている。日本もマネーサプライとして、Ｍ２＋ＣＤを利用している。

ハイパワードマネー

通貨当局が発行する通貨（ｃａｓｈ）と民間の銀行が日本銀行に預ける預け金の合計のこと。ハイパワードマネーを式で表わすと、H＝C＋Rとなる。

信用創造

銀行は百円の預金があった場合、法定準備分一〇％を残して残りの九十円を貸し出す。九十円が銀行に預金されるとすると（90×10％）円が銀行に残され八十一円が新たな貸し付けにまわされる。

公定歩合

公定歩合を上げることで市中金利を上昇させマネーサプライを減少させる。

公定歩合↓市中金利↓マネーサプライ増加

＜アナウンスメント効果＞

売りオペレーション…日本銀行が債券を売る↓市中の銀行が買う↓その代金分マネーサプライ減少

○買いオペレーション…日本銀行が債権を買う↓市中に現金流出↓マネーサプライ増加

○法定準備率操作

法定準備率操作　準備率↑マネーサプライ減少

準備率↓マネーサプライ増加

IS曲線

IS曲線は財市場の均衡を維持することのできる実質利子率と国民所得の組み合わせを表わす右下がりの曲線。利子率が低下した場合、総需要項目の投資が増えるので、総供給Yは増加しなければ需給が均衡しない。

IS曲線のシフト条件

需要が増えるような要因は、IS曲線を右にシフト（利子率一定で国民所得を増やす）させます。逆に、需要が減るような要因は左にシフト（利子率一定で国民所得が減少）させる。

LM曲線

LM曲線はマネーサプライがある一定水準のとき貨幣市場の均衡を維持する名目利子率と国民所得の組み合わせを表わしている。貨幣市場が均衡している状態で金利が上昇したとする貨幣の資産需要が減少するので、マネーサプライが一定のもとでは取引需要がその分だけ増加する必要がある。

LM曲線のシフト

利子率が一定のときに、Yが増加すればLM曲線は右へシフトする。LM曲線が右にシフトするのは、①M↑マネーサプライの増加。②L↓貨幣需要の減少。③P↓物価の下落。

流動性選好表

金利が下がると債権価格が上昇し、人々の流動性選好が強まる。逆に金利が上昇すると債権価格が下落し、人々の債権への需要が高まるので貨幣需要は減少する。

財政・金融政策

ISとLMの交点は、均衡国民所得と均衡利子率になる。この場合、財市場と貨幣市場が均衡している。しかし、完全雇用国民所得が均衡国民所得以上であれば非自発的失業が存在している。この失業をなくすためには均衡国民所得を、完全雇用国民所得にシフトさせるために、政府による財政政策や金融政策が必要になっていく。

クラウディング・アウト

財政政策を行うことで民間投資が抑制され利子率の上昇（インフレ）が起こってしまうことをいう。IS曲線が右シフトすると、LM曲線が右上がりの傾きを持った曲線なので、利子率が上昇するためにクラウディング・アウトは起こる。民間企業の需要が減少することになる。

新古典派総合

サミュエルソンは財政政策（IS曲線）と金融政策（LM曲線）を総合的に行うことで、クラウディング・アウトを起こさずに国民所得を増加させる方法を考えた。この手法が新古典派総合。

投資の限界効率

投資の限界効率＝市場利子率のときに投資が行わ

れる。投資額が増えると、限界効率は低くなる。

ケインズの投資理論

企業の投資は投資の限界効率と実質利子率が等しくなるところで決定される。投資は利子率の減少関数。収益率が利子率よりも高い投資計画だけを企業は実行する。これがケインズの限界効率という考え方。

加速度原理（新古典派）

加速度原理は、It（投資）＝V△Yt（資本係数×所得の増分）。投資は、国民所得の増分に応じて決定されるという、新古典派の代表的な投資理論。

資本係数

資本ストックを国民所得で割ったもの。資本ストックは工場などの生産設備のこと。

加速度の問題点

加速度原理は、マイナスの投資は減価償却だけなので、景気の後退局面の説明ができない。

ストック調整モデル

ストック調整モデルは、加速度原理を改良したもの。投資は、今期望ましいとされる最適資本ストックと前期の資本ストックの差だけされるという理論。

インフレ

物価が断続的に上昇していく、もしくは貨幣価値が下落していく現象。インフレが、経済に与える悪影響は、経済が不安定になることや所得の強制的な再配分が行われることだ。

クリーピング・インフレーション

忍び足で進むインフレ。年率一～四％の緩やかなインフレ。

ハイパー・インフレーション

ハイパー・インフレーションは、高率のインフレのこと。ロシアや南米で起こった。

コストプッシュ・インフレーション

賃金や原材料の価格の上昇によって起こるインフレ。

ディマンド・プル・インフレーション

総需要曲線が上方にシフトすることで起こるインフレ。原因は過大な消費や投資、マネーサプライの過剰。

デフレ

インフレの逆。物価が低下していく現象のこと。

スタグフレーション

インフレと景気の停滞が同時進行する状態のこと。

新古典派の労働市場

新古典派の労働市場は、価格調整（この場合は賃金）によって需給が均衡する。働きたい人が増えれば、賃金が下がるので失業は存在しない。常に完全雇用が達成されていると考えている。

古典派の第一公準

実質賃金は労働の限界生産物に等しい。労働需要は、実質賃金（W／P）＝限界生産物（MPL）の水準で決まる。

古典派の第二公準

労働供給は、人々の労働に対する限界不効用（MDU）が実質賃金率に等しいところで決定される。これは、古典派の第二公準と呼ばれている。

MDP＝W／P

ケインズの立場

新古典派は、価格（賃金）が伸縮的である労働市場を想定した。ケインズは、古典派の第一公準を認めながらも、第二公準は認めていない。労働者の賃金は伸縮的ではないと考えたのである。

新古典派の総供給曲線

新古典派の労働総供給曲線は、横軸に国民所得、縦軸に物価をとると完全雇用GNPを通る垂直な直線になる。失業者は存在しない。

ケインズ

ケインズは、労働供給曲線は実質賃金ではなく名目賃金で決まると考えた。そして、名目賃金の下方硬直性によって、労働市場の超過供給が完全には解消できず、その結果として非自発的失業が発生するとケインズは考えた。

非自発的失業

仕事につきたくてもつけないのが非自発的失業。どんなに低い賃金でも働きたいと思っていても働くことができない人たち。この非自発的失業の解消は、政府による有効需要の創出しかない。

フィリップス曲線

失業と物価上昇のトレードオフ関係を表わしている。横軸に失業率をとり、縦軸に賃金水準をとるとするとフィリップス曲線は右下がりになる。

物価版フィリップス曲線

賃金の上昇は、その会社の商品の値段に上乗せされる。よって、失業率と賃金率の相関関係を説明するフィリップス曲線は、失業率とインフレの相関関係を表わす物価版フィリップス曲線に置き換えられる。

期待インフレ

フィリップス曲線は、インフレ期待によってシフトする。期待インフレ率は人々の将来に対するインフレ率の予想。

ニュー・ケインジアン

ニュー・ケインジアンと呼ばれる経済学者はなぜ賃金が下方硬直的になるのかを考えた。

効率賃金仮説

実質賃金の下方硬直性の説明。経営者は実際の労働市場の賃金よりも高い賃金を労働者に支払うことで、生産性を高めようとする。他の職場よりも給料がいいので一所懸命働くはず。実質賃金を高くすることで、労働者がやる気を出して働き、生産効率も上がる。もしも、不景気になったときに賃金を下げれば優秀な人材からもっと給料が高い職場に移り、能力の低い労働者だけが残ってしまう。そのために、実質賃金は一定の水準以下に下げることはできない。

労働者契約モデル

アザリアディスは、労働者と企業の将来のリスクに対する態度が異なることに着目した。そこで企業は賃金を長期契約で結ぶ。そうすることで将来の賃金が低下しても労働者は市場の賃金よりも高い賃金を受け取ることができる。そのため、賃金の下方硬直性が起こるとアザリアディスは考えた。

総供給曲線

総供給曲線は、縦軸に物価水準を横軸に国民所得をとる。新古典派とケインジアンの総供給曲線は異なる。

新古典派の場合

新古典派は、価格は弾力的に変化すると考えている。価格は需要と供給が一致する点で決定されるから、一国の生産量は物価の変動によって変わることはない。そこで、完全雇用国民所得で垂直な総供給曲線になる。需要が変化したとしても、総供給曲線上の均衡点が変化するだけである。

ケインジアンの場合

ケインジアンは、新古典派とは違って価格は硬直的だと考えているから、極端なケインジアンの供給曲線は水平になる。価格が一定だから、企業は生産量の調整によって景気の変動に対応する。

総需要曲線

ＩＳ、ＬＭで決まるＧＤＰと物価水準の均衡。国民所得と物価水準が同時に決まる。総需要曲線は、ＩＳ－ＬＭ分析において、縦軸に物価水準、横軸に国民所得をとってＬＭ曲線のシフトをたどると、総需要曲線になる。

流動性のわな

流動性のわなは、LM曲線が水平になっているときに起こる。金融政策が、無効のケース。これは、人々が現在の利子率はこれ以上下がらないと考えることが原因。LM曲線が水平の場合は、マネーサプライをいくら増やしても国民所得は増加しない。

景気循環

景気循環は、一定の周期で景気が好くなったり不景気になったりすることをいう。景気循環は、イギリスの産業革命後に観察されるようになった。景気循環の周期は、好況、山（景気が一番好いところ）、景気の後退、不況、谷（景気が一番悪いところ）、景気の回復。試験に出る景気循環は次の四つ。

キチンの波

3・3年周期（四十か月）で起こる景気循環。企業の在庫が、3・3年周期で増減するために起こる。

ジュグラーの波

十年周期で起こる景気循環。別名、主循環。企業の設備投資が十年周期であることが原因。

クズネッツの波

二十年周期で起こる景気循環。建築物の耐久年数が二十年であることから、建築物の立替え時に建築需要が生まれて好景気が起こる。

コンドラチェフの波

五十年周期で起こる景気循環。経済学者のシュンペーターは、この景気循環の原因を技術革新（イノベーション）である。

自然成長率（Gn）

自然成長率というのは、労働の完全雇用を達成するのに必要な成長率のこと。自然成長率は、人口増加率Nと技術進歩率λを足して求められる。

Gn＝N＋λ

保証成長率（Gw）

資本ストックの完全利用を保証する成長率。このとき、財市場は均衡している。マクロ的な総需要と総供給を一致させる成長率でもある。$G_w = s$（貯蓄率）／v（資本係数）－ε（減価償却率）で表わされる。

均衡成長経路

$G_w = G_n$のときを均衡成長経路という。このとき、資本と労働が完全に利用されている。

ナイフエッジ

ハロッド・ドーマーの成長理論では、①現実の成長率が保証成長率を下回っているような場合には個別の企業は資本係数が適正水準を超えていると判断して投資水準を引き下げようとするため、ますます不況になっていく。②逆に成長率が保証成長率よりも高ければ、企業は投資を増加してやはり、保証成長率から乖離していってしまう。

新古典派成長理論

新古典派の成長理論では、保証成長率、自然成長率、現実の成長の三つが価格調整機能によって、安定するメカニズムが働く。資本が高くなればその分を労働で代替することで最適な成長を達成する。ハロッド・ドーマー型の成長理論では資本と労働の代替性がない。

黄金律

資本蓄積の黄金律というのは、一人当たりの消費を最大化させるような条件。資本の限界生産力（MPK）が労働成長率に等しいとき、定常解の消費量は最大になる。$MPK = N$（人口成長率）＋σ（減価償却率）と表わされる。

(3) 教養の経済史

地租改正

明治政府は地租改正によって、税金を金納させることで明治政府に入ってくる収入の安定をはかった。地租は、地価の三％だった。

国立銀行条例

アメリカのナショナルバンクに倣って一八七二年に制定されたのが国立銀行条例。

殖産興業

明治政府は日本の近代化のために一八七〇年に創設された工部省を中心に産業の振興につとめた。

松方財政

松方財政は、インフレを沈静化させるためのデフレ政策。緊縮財政と官営模範工場などの民間への払い下げを軸に進められた。松方財政は、結果として物価を下げ、農民などが貧困に苦しむことになる。

金本位制

通貨当局が発行通貨（日本銀行券）と金の交換を保証することで通貨の信用性を保つ制度。当時の欧米は金本位制を採用していたが、日本は銀本位制だった。そこで、貿易の振興のために金本位制への移行が必要だった。一八九五年の日清戦争の賠償金を元手にして一八九七年に金本位制を達成した。

管理通貨制度

金や銀との交換が保証されていない通貨制度。現在の日本銀行券は、銀行に持っていっても金に交換してもらえない。国民の通貨当局に対する信頼で貨幣の信用を保っている。

産業革命

一八九〇年代に第一次産業革命。中心の産業は軽工業で紡績や製糸の生産だった。一九〇〇年代に第二次産業革命。中心は重工業。

大戦景気

一九一四年の第一次世界大戦に、日本はアジアやアメリカ向けの輸出が増大し、債務国から債権国に転じることができた。また、世界的な船舶の不足に乗じ、イギリス、アメリカについで世界三位の海運国になった。

戦後恐慌、金融恐慌と関東大震災

戦後恐慌は一九二〇年に大戦景気の反動として起こった。関東大震災の不況対策が論議されている国会で、片岡蔵相の失言が国民の不安を煽り全国の中小銀行から預金が引き出される取り付け騒ぎが起きた。その結果十五の銀行が倒産した。さらに台湾銀行など三十六の銀行が休業に追い込まれた。

高橋是清

政党立憲政友会の政治家。内閣総理大臣、蔵相を歴任。戦前の大蔵大臣として有名。軍部の暴走を押さえようと軍事費を削減し、二・二六事件で青年将校達に暗殺された。国内の経済振興策を重視していた。金解禁に反対していた。

金解禁

金輸出を解禁すると日本円の信用が高まる。民政党政権が金解禁を一九三〇年に行うが三一年には政権を奪還した政友会の高橋蔵相が輸出の再禁止を行った。

経済の自由化

第二次世界大戦後、占領軍は、日本の軍事化を防止するために財閥の解体を指令した。持ち株会社整理委員会が、財閥解体の任に当たった。また、自由な経済競争を保障するために独占禁止法が制定され、その監視役として公正取引委員会が一九四七年に設立された。

傾斜生産方式

敗戦国の日本は、輸出の制限を受け、生産設備も壊されていたので、政府は限られた生産資源を利用するために石炭や鉄鋼、電力など、産業の復興に役立つ産業に重点的に復興金融公庫からの資金を投入した。

均衡予算

均衡予算というのは、国の予算は税金だけでまかなって、借金（国債の発行）をしない予算のこと。しかし四十年不況の中、昭和四十年度予算で税収不足を補うために公債が発行された。そして四十一年からは積極財政に転じ、国債が発行されるようになった。

神武景気

神武景気（一九五五～五七年）は日本最初の長期景気。このあと、岩戸景気（一九五九～六一年）、オリンピック景気（一九六三～六四年）、いざなぎ景気（一九六六～七〇年）が続き日本は高度成長を遂げた。

ブレトンウッズ体制

第二次世界大戦が終結した後の通貨システムについて話し合われた会議での決定事項のことをいう。世界の通貨はドルを基軸にした金本位制と固定相場制がとられることになった。金本位制では、ドルと金の交換をアメリカが行っていた。

ニクソン・ショック

アメリカは、固定相場制でドルの価値を維持することができなくなっていた。日本や西ドイツの経済力が大きくなったことで、ドルの価値が相対的に下がったからだ。アメリカのニクソン大統領は一九七一年にドルと金の交換を停止すると発表した。これが、ニクソン・ショック。

ＩＭＦ（国際通貨基金）

ブレトンウッズ体制の目的は、世界の通貨システムを安定させることにあった。そのため、加盟国が通貨危機に陥ったときにはＩＭＦが融資をして、その国の通貨システムの安定を図る。

ユーロ

ＥＵは経済活動をスムーズに行うために共通の通貨をつくった。それがユーロ。〇三年からはユーロランド（ユーロを導入した国）の共通通貨になり、自国の通貨は廃止された。

第8章 パワーアップ！ ストレス・ケア

⑴TFT（思考場療法）の超簡単な解説（即効ストレス・ケアの薦め）

キャラハンテクニック認定TFTセラピスト

村川直美

　TFTは、心のトゲ抜きです。心が傷ついたトゲ、ストレスのトゲを軽減するのがTFTのタッピングです。正しい順序で決まった身体のいくつかのツボをタッピングすることで心に刺さっているトゲ（怒り、悲しみ、不安等のマイナスのエネルギー）が軽減されます（タッピングはでたらめにツボを叩いても効果はありません）。

　例えばストレスやトラブルがあれば誰でもイライラしますね。けれどもイライラしたまま解決策を捜しても良い考えは浮かばないものです。冷静になる必要がありますが、冷静になること自体がなかなか難しいものではないでしょうか？

　そういう時に、TFTなら〝冷静になろう冷静になろう……〟と頑張らなくてもタッピングでイライラというトゲを抜くことができます。トゲが抜け落ちた後の健全な心で問題（またはこれからのチャレンジ）を見るとまた違った見方が出来て良い考えが浮かびます。

　私たちTFTセラピストは日々のカウンセリングの中でよくこういう体験をします。セラピストはTFTを使ってどんどんとトゲを抜いていくだけです。けれど、それだけでクライアントさんの表情が明るくなり、口調が明るくなり、最終的には自然とご自身の力で解決の道を見つけられるという体験です。TFTの最もすばらしい点はこの〝自分本来の力が蘇り前進できる〟というところにあると思っています。

そしてもう一つの特徴は自分でセルフケアできるということです。

TFTのやり方を覚えれば、ストレス・ケア等を自分自身で数分で行えるのです。

それでは簡単に手順をご紹介いたしましょう。単純なストレスであればまず初めにそのストレスに意識を向けてください（絶対に、深刻な問題で試さないでください）。

ストレスの度合いを一〇点（最もストレスを感じる）→〇点（平穏）として点数にしておくとよいでしょう。

STEP1

1　手のひらの小指側の側面を一五回以上よくタッピングします。

2　鼻の下を一五回以上タッピングします。

3　人差し指のツメの付け根の親指側を一五回以上タッピングします。

4　それから左の胸の上部（押してみて痛い部分です）の辺りを良く揉みましょう。ここまでは、準備段階です（順番はバラバラで大丈夫です）。

STEP2

メインのタッピングです。

次の場所をそれぞれ五回以上刺激が伝わるようタッピングしてください（やさしくです）。

1　眉頭→目の下→脇（わきの下から一〇cm下）→鎖骨（胸骨中央のくぼみから左右どちらかに二・五cm横）→人差し指のツメの付け根の際の親指側→小指のツメの付け根の際の親指側→鎖骨（胸骨中央のくぼみから左右どちらかに二・五cm横）

どうでしょう。はじめに意識して頂いたストレスの点数は減ったでしょうか？

正式な手順はもう少し続きます。詳しくは『TFT思考場療法』（春秋社）や日本TFT協会のHPをお読みください。TFTの手順の図解入り解説があります。

TFTを実際に使えるようになりたい方は日本TFT協会のセミナーにご参加ください。

日本TFT協会のHP（http://www.jatfft.org/）

森川綾女先生のHP（TFTセンター横浜）

（キャラバン・テクニック認定TFTセラピスト（診断、VT）アルゴリズム&診断レベルトレーナー、日本TFT協会認定ワークショップ講師養成トレーナー）

http://www.tftjp.com/

村川直美先生のHP（キャラバン・テクニック認定TFT診断セラピスト、アルゴリズムトレーナー、日本TFT協会認定一般向けワークショップ講師）

http://www.kaunseringu.com/

EQを高める十の方法（橋本氏寄稿）

私は組織を活性化させるためのメンタルケアテクニックを提供している関係上、人間関係の問題について相談される機会がよくあります。その中でも、意外によくあるのが「私は人の気持ちが良くわからないのです」という質問です。

特に組織の管理職やマネージャーの男性によくみられ「部下とのコミュニケーションに困っている」といいます。このようなタイプは、IQは高いがEQが低いタイプといえるでしょう。

おもしろいことに、このタイプの人は仕事に限らず、家庭でも夫婦の会話がないケースがほとんどです。つまり、

仕事の人間関係　≒　家庭の人間関係

といえます。

そこで、もしあなたが「EQがちょっと低いか

な」と感じているのであれば、次の十の方法を実行してみてください。

EQを高める十の方法

1 休む

ＥＱを回復させるための第一歩は休むです。疲れがあると、心はすさんでいきます。体をいたわってゆっくり休みましょう。

2 寝る

疲れがあるときは十分な睡眠が必要です。自分のリズムにあった睡眠時間をとるようにしましょう。

3 好物を食べる

忙しいと食べ物を味わう感覚が落ちてきます。「おいしい～」と感じる瞬間を味わうようにしてください。

4 パートナーとゆっくり話す

パートナーの気持ちを確認する時間は、あなたのＥＱを回復させてくれます。いっしょに自然の中を散歩してみましょう。

5 自然に触れる

自然との意識の交流は、人間本来の直感を蘇らせます。近くの自然に出向き、心をリフレッシュしてみましょう。

6 自分にご褒美をあげる

何かを達成したら、自分にご褒美をあげましょう。「始まりと終わり」を設定することで気持ちが保てるようになります。

7 長所をみつける

疲れていると、どんなことでも短所に目がいきがちです。長所をみつけるようにすると、周囲の良いところに気づくようになります。

8 掃除をする

感性がにぶってきたら、机の上などオフィスの掃除をしましょう。整理整頓は心をすっきりさせて気持ちを切り替えてくれます。

9 気持ちを素直に受け入れる

言いたいことを我慢し続けると、コミュニケーションに必要な「相手の気持ち」を感じる力も落ちていきます。自分のありのままの感情を素直に受け入れましょう。

10　感謝する

どんなことにでも感謝できる人はＥＱが高いといえます。些細なことでも感謝する習慣をつけるようにしましょう。

仕事が忙しくなると、たいてい「仕事に追いかけられる」ように感じるものです。これでは、ますます疲れを溜め、他人のことに無感覚になってしまいます。休むことも重要な仕事の一つですから、忙しさを感じたときは、ぜひ気持ちをリフレッシュすることを考えてみてください。

あなたは、今週末にどんな余暇を過ごしますか？

⑵選択理論心理学の概要　幸せになる習慣って？

日本選択理論心理学会・学会員　星野優美子

「自分はコミュニケーションが下手」と思っている方が多いのではないでしょうか？　その原因の一つは自分に「七つの致命的習慣」を使ってしまっていることにあると思います。

七つの致命的習慣

1　批判する
2　責める
3　文句を言う
4　ガミガミ言う
5　脅かす
6　罰する
7　褒美で釣る

概して日本人は内省的と言われています。確かに進歩向上のために「反省する」ことも大切ですが、それを自分を「評価する」に変えてみませんか？

もっと「楽」な生き方ができるはずです。自分を「評価する」は「自分を批判する」の同義語では決してありません。

「私はあの上司から評価されている」

こういう時の「評価する」は「認められている」「一目置かれている」あるいは「頼りにされている」という意味で使われています。自分を「評価する」もこのような意味で使います。つまり、自分に七つの致命的習慣を使わないで七つの身につけたい習慣を積極的に使うのです。

七つの身に付けたい習慣

1 傾聴する
2 支援する
3 励ます
4 尊敬する
5 信頼する
6 受容する
7 意見の違いについて常に交渉する

まず、自分がどんなにがんばったか、自分のがんばりを完全に認めてください。自分の、内なる心のメッセージをよく聞いてあげて下さい。人生でベストを尽くしていない人間は誰もいないのです。だって「その時の最善」と判断し、選択し、行動したのですから。

自分が「どれくらい頑張ったか」を一番よく知っているのは自分です。周りの誰が何と言おうと、その時の最善と思う方法を選んだ自分を受容し、素直に受け入れ、励まし、尊敬しましょう。

失敗しない人間などいません。違うでしょうか?

エジソンは電球を発明するまで一万回チャレンジしたそうですが、彼はそれを失敗とは思わなかったそうです(一万回チャレンジしたということは九千九百九十九回はうまくいかない実験です)。けれど、エジソンは「うまくいかない方法を一万通り発見しただけ」と自分のチャレンジを受容し、自分を信頼し、励まし続けたのです。それがエジソンの大成功の秘訣です。

皆さんもまず、身につけたい七つの習慣を使って自分と上手にコミュニケーションしてください。自分を積極的に評価してあげてください。きっと自己概念（自分に対する自信や評価）が上がって誰とでも笑顔で話せる自分になれます。

他の人とのコミュニケーションにおいても同様です。誰かから、批判されて気分がよくなる人はいません。相手の人も「自分は最善の方法を選んでいる」と思っています。

ですから、責めたり、文句を言ったり、ガミガミ言ったり、脅かしたり、罰したりされたらいやな気分になります。

たとえ、もし、その時は言う通りにしても、その人との関係は悪くなってしまいます。そして結局は自分もいやな気分を味わう羽目になります。

相手は変わりません。批判したり責めたりして相手を変えようと必死になればなるほど、変わらない相手にイライラしてストレスがたまっていくだけです。変わらない相手を変えようと無駄な努力をして人生の大事な時間を費やすのは、時間の無駄ではないでしょうか？　もうやめましょう。もっと気分よく人生を送りましょうね。

人というものは、笑顔で楽しく暮らしている人が好きです。そういう人には自然と人が集まってきます。またそういう人の話は熱心に聞いてもらえます。

今日から七つの致命的習慣を捨てて七つの身につけたい習慣を使いましょう。そして人とよい人間関係を築ける自分になりましょう。

そうすることがコミュニケーション上手になる秘訣です。自分もいい気分で暮らしながら、周りの人ともよい人間関係が築けます。

実はこれが皆さんも幸せになる秘訣なのです。身近で親密な人とよい人間関係を築くことが幸せへの近道なのです。

それでも時には批判したり責めたり、文句を言ったりする人と関わらないといけない場合があると思います。そういう時に効果があるのがリフレーミング（言い換え）のテクニックです。例えば「あの人は攻撃的だ」を「あの人はエネルギッシュだ」に。「上司は威張り散らすところがある人だ」を「上司は自信と確信がある人だ」というように否定的な見方を肯定的な見方に変えてみてください。

このリフレーミングする習慣を身につけることでさらに人間関係が楽になります。変わらないことを変えようとするのではなく、自分の習慣を変えるだけで、ストレスから解放され、よい人間関係が築けるようになります。ぜひ皆さんも幸せな選択をして幸せな人生を送ってください。

※日本リアリティーセラピー協会のＨＰ

http://www.choicetheorist.com/

(3) 加圧トレーニングのススメ

わかば接骨院院長　鷲崎光輝

柔道整復師、はり・きゅう師、加圧トレーニング統括指導者、全国冷え性研究所・尾張支部長

私が取り組んでいる「加圧トレーニング」は、軽い負荷（筋肉への負担）の運動で、関節等への負担が少なく、大きな筋力ＵＰ効果が期待される日本で生まれた治療法です。

概要は、専用の加圧ベルトで腕や太腿の付け根に適切な圧力をかけることで、血流を適度に制限し五分から十五分程度、軽い負荷のトレーニングを行うだけです。これにより、血行を促進し、多量（通常の数十倍～二百倍）の成長ホルモンの分泌を促進します。

結果的には従来の筋力トレーニングなどと比べて、極めて低い負荷で、短期間に筋力および筋肉増強を達成することが可能となりました。

また、リハビリ手段として、骨折や靭帯の損傷、関節の炎症のリハビリはもとより、脳梗塞の後遺症

によるマヒした神経や筋肉の回復手段としても非常に有効である事が各種の臨床データから裏付けられて来ています（東京大学のＨＰ参照）。

「加圧トレーニング」を治療に取り入れたら…。

案の定、治療に取り入れてみると今まで以上、腫脹、疼痛の取れ具合がスピード・アップしました。

私は、足腰の衰えている年配の方が、元気になっていくのが嬉しくて仕方ありません。

私のミッションの一つは、この加圧トレーニングを使って「ニッポン元気化計画」です。これから、更に便利な世の中になると、足腰の弱った寝たきりの老人がどんどん増えるでしょう。

例えば、一日中、寝たままの生活を送ると、毎日〇・八％の筋肉が衰えます。寝たきりの人がダンベルを持ったり、運動は無理でしょう。ましてや、機能回復を目的としたら、どれだけの時間がかかるのでしょうか。しかも、寝たきりの人を介護する人、介護医療費の負担が増えていきます。ですから、加圧トレーニングを使って「リハビリをしたら！」と思うのです。

加圧治療は、デスクワークの多い公務員の方が定期的に、治療を受けることで筋力も向上し、接骨院ですから疲労も回復します。ストレス・ケアとメンタル・ケアの一手段として、有効ではないかと思うのです。

成長ホルモン

成長ホルモンは身体のほとんど全ての細胞に影響を及ぼします。体脂肪を除去し、身体の組織（筋肉、内臓、骨格）を十〜二十年若返らせることが証明されています。皮膚や骨格の若さを復活させ、心臓、肝臓、腎臓を再生し、内臓器官と細胞組織の活動を若いころのレベルに戻します。さらに、皮膚のシワを伸ばし、弾力性、厚さ、質感を蘇えらせます。精神的にも失われてしまった若いころの「元気」も回復させます。

最新の研究の結果、老化に伴う病気の一つのアルツハイマー病の治療に大きな効果をもたらすものであると言われています。

成長ホルモンは健康ホルモン

成長ホルモンが不足すると、基礎代謝の減少、腎臓機能の衰退、血液容量の低下、心臓機能の低下などや、甲状腺機能も低下します。私達の身体にあるホルモンは、微量で身体の目的の場所の細胞に特別な情報を伝達するという役割をしています。成長ホルモンは他のホルモンの分泌もコントロールするマスターホルモンとも呼ばれています。

免疫系においても強い影響力をもっているのです。免疫細胞の中にＮＫ（ナチュラルキラー）細胞というのがありますが、このＮＫ細胞の主な役割はガン細胞を見つけ出してこれを攻撃するものです。成長ホルモンが不足するとこのＮＫ細胞の活性が低減することが知られています。逆にいえば、成長ホルモンを補うことでＮＫ細胞を活性化させられます。

さらに、免疫系統の白血球の生産を増やすよう働きかけ、抗体やＴ細胞（免疫リンパ球の一種で病原菌に冒された感染細胞を攻撃してくれる）を作るのをサポートをする働きがあります。成長ホルモンは、身体のほとんどの免疫系を刺激して活性化しますので、副次的にいろいろな疾患の発生を抑えてくれるという役割を果たしています。

日本加圧トレーニング学会のＨＰ http://kaatsu.jp/
鷲崎先生のＨＰ http://www.wakaba-b-s.com/

◆行政機関連絡先（代表番号）

衆　議　院	03（3581）5111（事務局）	http://www.shugiin.go.jp
参　議　院	03（3581）3111（事務局）	http://www.sangiin.go.jp
首 相 官 邸	03（3581）0101	http://www.kantei.go.jp
内 閣 官 房	03（5253）2111	http://www.cas.go.jp
内閣法制局	03（3581）7271	http://www.clb.go.jp
内　閣　府	03（5253）2111	http://www.cao.go.jp
宮　内　庁	03（3213）1111	http://www.kunaicho.go.jp
警　察　庁	03（3581）0141	http://www.npa.go.jp
防　衛　省	03（5366）3111	http://www.mod.go.jp
金　融　庁	03（3506）6000	http://www.fsa.go.jp
総　務　省	03（5253）5111	http://www.soumu.go.jp
法　務　省	03（3580）4111	http://www.moj.go.jp
外　務　省	03（3580）3311	http://www.mofa.go.jp/mofaj
財　務　省	03（3581）4111	http://www.mof.go.jp
文部科学省	03（5253）4111	http://www.mext.go.jp
文　化　庁	03（5253）4111	http://www.bunka.go.jp
厚生労働省	03（5253）1111	http://www.mhlw.go.jp
農林水産省	03（3502）8111	http://www.maff.go.jp
経済産業省	03（3501）1511	http://www.meti.go.jp
国土交通省	03（5253）8111	http://www.mlit.go.jp
環　境　省	03（3581）3351	http://www.env.go.jp
会計検査院	03（3581）3251	http://www.jbaudit.go.jp

◆関連サイト

○国会会議録検索システム（国会図書館） http://kokkai.ndl.go.jp
○最高裁判例集 http://www.courts.go.jp/app/hanrei_jp/search1
○電子政府の総合窓口 http://www.e-gov.go.jp
○ぎょうせいホームページ https://gyosei.jp/

あとがき

感謝です。この本をお読みいただいたことに心から感謝します。ただ、ただ、感謝です。

当初、「ぎょうせい」からは厚い本のお話がありましたが、「公務員の皆さんは忙しいから、薄くて読みやすいものにしましょう」と逆に提案しました。そして「本編にエッセンスを詰め込んで、文字も大きくしてください。それ以外はお任せします」とお願いしました。ですから、まず、本を作るにあたって「ぎょうせい」の編集者に相当ご苦労をおかけしました。感謝していま す。

私も発展途上人です。日々、学び教えられの人生です。ですから、偉そうなことを言える立場ではありません。けれど、少しでも皆さんのお役に立てればと思い、いま書けるベストを尽くしました。

人生も仕事もそれで私はいいと思っています。「今できることを精一杯、長期的な目標に向かってコツコツ、頑張れ」（＝ベストを尽くす）ば、人生悔いはなし、明るく楽しく前向きに、自分自身や家族を大事にして生きていく。大事なことだと思います。

大切なものは、かけがえのないものは気がつかないくらい身近にあります。なくなって初めて自分にとってどれくらい大切なものだったかわかるものです。

私の「幸せの青い鳥」は、大阪の四天王寺で生まれて通天閣を見て育ちました。大切な青い鳥でした。けれど、どれくらい大切かは、いなくなって初めて「青い鳥」と気づくのです。過去には、戻れませんから。

身近なところにいるあなたのかけがえのない「幸せの青い鳥」を見失わないでください。

平凡な日常の中に、幸せはあると私は思います。

平凡な日常が、一番、幸せであるということは、失ってから初めて気がつくものです。

平凡な生活を大切にしてください。

いま、公務員という仕事がいい意味でも、悪い意味でも見直されています。

日本を地域を担う、皆さんの仕事に一二〇%の誇りを持ってください。日本を支えているのです。公務員の仕事に無駄なものは絶対にないと私は強く確信しています。時代に応じ、変化と進歩はあるかもしれませんが、無駄はない。

プライドを持つことは、悪いことではありません。プライドが高いからこそ、最高に素晴らしい人生と仕事ができると思っています。

皆さんも、ご自身の人生と公務員という仕事に一二〇%のプライドを持っていただければと思っています。

最後に、すべての著作に書いていることですが、この本は筆者の個人的な見解であり、過去、現在、未来に所属するあらゆる組織の見解とはまったく無関係であることをご理解ください。
それでは、本を通してまた、皆さんにお会いできることを心から楽しみにしています。
今回もありがとうございました。このご縁を心から感謝いたします。

ささやかな謝辞

いつも、私のことを気にかけてくださる東京女子大学の白砂提津耶教授に心から感謝します。また、生徒会でお世話になった高橋文彦先生、小学校の担任の小塩典子先生、中学校の校長で剣道部顧問の清水潔先生、高校の担任の鷲見明美先生、進路指導の森みち先生。英語を教えてくださった福田武彦先生、学生時代に私の最初の本を出してくださった井上善美さん、そしてその後の執筆の機会を与えていただいた日本ペンクラブ会長井上ひさし先生。同級生、サークル、部活の大切な友人。なによりも、公務員時代に薫陶を受けた多くの諸先輩、特に沖浩幸氏。大切な家族。多くの方に育てていただいて、今があることに、心から感謝します。

また、株式会社ぎょうせいのクリエイティブ事業部では、国や地方自治体、学校、一般市民向けにこの本の著者である林雄介の研修会を行っています。ストレス・ケアから法律の作り方、地域振興、議会対策、職場の人間関係改善法まで幅広く全国で研修を行っています。ぜひ、**皆さんとも直接、研修でお会いしてお話できればと思っています。**

（問合せ先）株式会社ぎょうせい・クリエイティブ事業部・クリエイティブ事業課まで。

03－6892－6644

林　雄介

●著者紹介
林　雄介［はやし・ゆうすけ］
国家公務員として省庁に勤務。内閣提出法案の作成、政令・省令等の法令業務と予算業務、国会答弁、質問主意書、行政不服審査、情報公開、政策評価、特殊法人の監督等に従事。作家（日本文藝家協会、日本ペンクラブ、国際ペン正会員）。その後、会社、各種団体、NPO顧問、地方自治体の町興しや政策立案等（政策プランナー）。岐阜市都市ブランド創出委員。セラピスト（TFTセラピスト「思考場療法講師」、ヒプノセラピスト、レイキ・セラピスト：ストレス・ケア・アドバイザー）。個人ブランド＆キャリアアップ・アドバイザー
主著「魔法の経済学」、「スキルアップ経済学超入門」（翔雲社）、「霞ヶ関の掟・官僚の舞台裏」（日本文芸社）、「省庁のしくみがわかると政治がグンと面白くなる」、「図解雑学・省庁のしくみ」、「図解雑学・政治のしくみ」（ナツメ社・日本図書館協会選定図書）、「絶対わかる法令・条例実務入門」「絶対スキルアップする公務員の勉強法」「公務員の教科書（算数・数学編）」「ニッポンの農業（日本図書館協会選定図書・全国学校図書館協議会選定図書）」、「政治がわかる　はじめての法令・条例・政策立案入門」（ぎょうせい）「言葉の知恵・知識事典」（共著）、「しおき華」（週刊漫画ゴラク原作者）「この通りにすれば受験にうかる」（たちばな出版）他。ライターとして児童書、経済、国際情勢、法律等の著書多数。
大学院で、経済学、社会保障、貧困問題を研究。中学時代は剣道部、高校時代、演劇部。大学時代は、人形劇のサークルで東北の小学校や児童館、知的障害者施設を周り、また、生活保護住宅等で勉強を教える。
趣味は、散歩、お菓子つくり、子供たちと遊ぶこと、受験・就職指導等。
○林雄介公式（ブログ、ツイッター）
HP：http://id40.fm-p.jp/65/yusukeha/

新版　絶対スキルアップする公務員の勉強法

平成29年3月1日　第1刷発行

著　者　林　雄　介

発　行　株式会社　ぎょうせい

〒136－8575　東京都江東区新木場1－18－11
電話　編集（03）6892－6805
　　　営業（03）6892－6666
フリーコール　0120－953－431

〈検印省略〉　URL:https://gyosei.jp

印刷　ぎょうせいデジタル㈱

ISBN 978-4-324-10267-1
（5108316－00－000）
〔略号：公務員勉強法（新）〕